Prabilk
Kūrėjo
balsu

*„Kuris joja dangaus skliautu,
sukurtu pasaulio pradžioje.
Štai griaudžia jo balsas
galingas balsas."
(Psalmynas 68, 33)*

# Prabilk Kūrėjo balsu

Dr. Jaerock Lee

Speak Forth with the Original Voice by Dr. Jaerock Lee
Published by Urim Books (Representative: Johnny. H. Kim )
73, Yeouidaebang-ro 22-gil, Dongjak-gu, Seoul, Korea
www.urimbooks.com

Visos teisės saugomos. Šios knygos ar jos dalių panaudojimas bet kokia forma, saugoma paieškos sistemoje, arba perduodama bet kokia forma ir bet kokiomis priemonėmis – elektroninėmis, mechaninėmis, fotokopijų, įrašų ar kitomis – be išankstinio raštiško leidėjo sutikimo yra draudžiamas.

Visos Šventojo Rašto citatos, jeigu nenurodyta kitaip, paimtos iš tinklavietės
RUBŠIO IR KAVALIAUSKO BIBLIJA, LBD ekumeninis leidimas 1999 m.
© Lietuvos Biblijos draugija, 1999.
© Lietuvos Vyskupų Konferencija, 1999.

Copyright © 2015 by Dr. Jaerock Lee
ISBN: 979-11-263-1207-8 03230
Translation Copyright © 2013 by Dr. Esther K. Chung. Used by permission.

Pirmas leidimas anglų kalba išleistas 2015 metų rugsėjį

Urim Books išleista korėjiečių kalba 2011 m. Seule, Korėjoje

Redaktorė Dr. Geumsun Vin
Leidėjas Design Team of Urim Books
Daugiau informacijos: urimbook@hotmail.com

# Apie šį leidinį

Viliuosi, kad skaitytojai gaus atsakymus į maldas ir palaiminimus per Kūrėjo balsą, darantį sukūrimo darbus...

Šis pasaulis kupinas įvairiausių garsų: nuostabaus paukščių čiulbėjimo, nekalto kūdikių juoko, minios džiūgavimo, vidaus degimo variklių ūžimo ir muzikos. Šie garsai sklinda žmogui girdimų dažnių diapazone, tačiau yra ir mums negirdimų garsų, pavyzdžiui, ultragarsas. Jeigu garso dažnis per aukštas arba per žemas, mes jo negirdime, nors jis iš tikrųjų skamba. Be to, kai kurie garsai girdimi tik širdimi, pavyzdžiui, sąžinės balsas. Koks balsas nuostabiausias ir galingiausias? Tai „Kūrėjo balsas", kuriuo kalbėjo Dievas Kūrėjas, kuris yra visko pradžia.

„Kuris joja dangaus skliautu, sukurtu pasaulio pradžioje. Štai griaudžia jo balsas galingas balsas" (Psalmynas 68, 33).

„Žiūriu, Izraelio Dievo Šlovė artinasi iš rytų, jos ūžesys kaip šniokštimas galingų vandenų, ir žemė spindi nuo jo Artumo" (Ezechielio knyga 43, 2).

Pradžioje Dievas gaubė visą visatą, būdamas Šviesa, turinčia galingą balsą (Jono pirmas laiškas 1, 5). Paskui Jis suplanavo „žmonijos ugdymą", kad įgytų ištikimų vaikų, su kuriais galėtų dalintis tikra meile, ir tapo Triasmeniu Dievu: Tėvu, Sūnumi ir Šventąja Dvasia. Kūrėjo balsas buvo Sūnuje ir Šventojoje Dvasioje kaip ir Tėve.

Kai atėjo laikas, Dievas Trejybė prabilo Kūrėjo balsu, kad sukurtų visus dangus ir žemę bei viską, kas juose. Jis tarė: „Tebūna šviesa, tebūna sutelkti vandenys po dangumi į vieną vietą ir tepasirodo sausuma, teželdina žemė augmeniją: augalus, duodančius sėklą, ir visų rūšių vaismedžius, vedančius žemėje vaisius su sėklomis, tebūna šviesuliai dangaus skliaute dienai nuo nakties atskirti, teknibžda vandenys gyvūnų daugybe, teskraido paukščiai viršum žemės po dangaus skliautu" (Pradžios knyga 1, 3; 1, 9; 1, 11; 1, 14; 1, 20).

Todėl visi sukurti dalykai girdi Dievo Trejybės balsą ir paklūsta jam, peržengdami erdvės ir laiko ribas. Keturiose evangelijose net negyvoji gamta, vėjas ir bangos nurimo, kai Jėzus prabilo Kūrėjo balsu (Evangelija pagal Luką 8, 24-25). Kai Jis tarė paralitikui: „Tavo nuodėmės atleistos" ir: „Kelkis, pasiimk neštuvus ir eik namo" (Evangelija pagal Matą 9, 6), šis atsistojo ir nuėjo namo. Visa tai pamačiusios, minios išsigando ir šlovino Dievą, suteikusį tokią galią žmonėms.

Evangelija pagal Joną 14, 12 sako: „Iš tiesų, iš tiesų sakau jums: kas mane tiki, darys darbus, kuriuos aš darau, ir dar už juos didesnių, nes aš keliauju pas Tėvą." Kaip šiandien patirti Kūrėjo balso veikimą? Apaštalų darbų knygoje parašyta, kad žmonės buvo naudojami kaip Dievo įrankiai ir rodė tiek Dievo galios, kiek atsikratydavo nuodėmių ir išsiugdydavo šventumo.

Petras Jėzaus Kristaus Nazariečio vardu liepė vaikščioti žmogui ir paėmė jį už rankos. Šis pakilo, atsistojo ėmė vaikščioti ir šokinėti. Kai Petras tarė mirusiai Tabitai: „Kelkis," ši atgijo. Apaštalas Paulius prikėlė numirusį jaunuolį Euticha, ir, kai ligoniams dėdavo Pauliaus kūną lietusias skepetėles bei prijuostes, ligos pasitraukdavo ir piktosios dvasios išeidavo.

Veikalas Prabilk Kūrėjo balsu yra paskutinė knyga iš serijos „Šventumas ir galia". Ji atskleidžia, kaip patirti Dievo galią per Kūrėjo balsą. Joje aprašyti tikri Dievo galios darbai, kad skaitytojai galėtų vadovautis dvasiniais principais kasdieniniame gyvenime. Šioje knygoje taip pat pateikti Biblijos pavyzdžiai, padedantys skaitytojams suprasti dvasinę karalystę ir atsakymų maldas gavimo principus.

Dėkoju Geumsun Vin, vyriausiajai redaktorei, bei visiems leidyklos darbuotojams ir meldžiuosi Jėzaus Kristaus vardu, kad kuo daugiau žmonių gautų atsakymus į maldas ir palaiminimus, patirdami Kūrėjo balso veikimą ir darbus.

*Jaerock Lee*

# Pratarmė

CBažnyčiai augant, Dievas leido mums rengti dviejų savaičių trukmės prabudimo susirinkimus nuo 1993 iki 2004 metų. Dievas padėjo bažnyčios nariams įgyti dvasinį tikėjimą ir pamatyti Dievo gerumą, šviesą, meilę ir galią. Metams bėgant, Dievas leido jiems patirti savo gyvenime kūrimo galią, kuri peržengia erdvės ir laiko ribas.

Pamokslai, pasakyti šiuose prabudimo susirinkimuose, buvo surink į „Šventumo ir galios" seriją. Prabilk Kūrėjo balsu pasakoja apie gilius dvasinius dalykus, kurie iki šiol nebuvo plačiai žinomi: Dievo kilmę; pirminius dangus; galios darbus, daromus Kūrėjo balsu, ir jų patyrimą savo gyvenime.

1 skyrius „Pradžia" paaiškina, kas yra Dievas, kaip Jis egzistuoja ir kaip bei kodėl Jis sukūrė žmones. 2 skyrius „Dangūs" atskleidžia faktą, kad dangus yra ne vienas, ir Dievas valdo visus dangus. Šis skyrius užtikrina, kad sukauksime bet kokios problemos sprendimo, jeigu tikėsime į Dievą, sekdami Aramo kariuomenės generolo Naamano pavyzdžiu. 3 skyrius „Triasmenis Dievas" paaiškina, kodėl pradžioje Dievas padalino erdves ir tapo Triasmeniu Dievu bei Trejybės asmenų atliekamus vaidmenis.

4 skyrius „Teisingumas" kalba apie Dievo teisingumą ir paaiškina, kaip mums gauti atsakymus į maldas pagal Jo teisingumą. 5 skyrius „Paklusnumas" pasakoja apie Jėzų, kuris visiškai pakluso Dievo žodžiui, ir argumentuotai paaiškina, jog ir mes turime paklusti Dievo žodžiui, kad patirtume Dievo darbus. 6 skyrius „Tikėjimas" parodo, kad tikintieji gauna atsakymus į maldas skirtingu mastu, nors visi teigia esą tikintys. Šis skyrius paaiškina, ką daryti, kad parodytume tokį tikėjimą, kuris nusipelno visiško Dievo pasitikėjimo.

7 skyrius „Kuo jūs mane laikote?" pasakoja, kaip gauti atsakymus į maldas, remiantis Petro pavyzdžiu, kai šis gavo palaiminimo pažadą, iš širdies gelmių išpažinęs, kad Jėzus yra

Viešpats. 8 skyrius „Ko nori, kad tau padaryčiau?" nuosekliai paaiškina aklojo praregėjimo procesą. 9 skyrius „Tebūnie tau, kaip įtikėjai" atskleidžia atsakymą gavusio šimtininko paslaptį ir pateikia pavyzdžių iš mūsų bažnyčios gyvenimo.

Meldžiuosi Viešpaties vardu, kad visi skaitytojai per šią knygą suprastų Dievo kilmę bei Dievo Trejybės darbus ir gautų viską, ko prašo, pagal Dievo teisingumą per savo paklusnumą bei tikėjimą ir atiduotų visą garbę Dievui.

2009 metų balandis
***Geumsun Vin,***
Vyriausioji redaktorė

# Turinys

Apie šį leidinį

Pratarmė

| | | |
|---|---|---|
| 1 skyrius | Pradžia | · 1 |
| 2 skyrius | Dangūs | · 17 |
| 3 skyrius | Triasmenis Dievas | · 35 |

***Biblijos pavyzdžiai I***

Įvykiai po antrojo dangaus vartų į pirmąjį dangų atidarymo

| | | |
|---|---|---|
| 4 skyrius | Teisingumas | · 55 |
| 5 skyrius | Paklusnumas | · 73 |
| 6 skyrius | Tikėjimas | · 91 |

*Biblijos pavyzdžiai II*
Trečiasis dangus ir trečiosios dimensijos erdvė

| | | |
|---|---|---|
| 7 skyrius | Kuo jūs mane laikote? | · 109 |
| 8 skyrius | Ko nori, kad tau padaryčiau? | · 125 |
| 9 skyrius | Tebūnie tau, kaip įtikėjai | · 141 |

*Biblijos pavyzdžiai III*
Dievo, turinčio ketvirtąjį dangų, galia

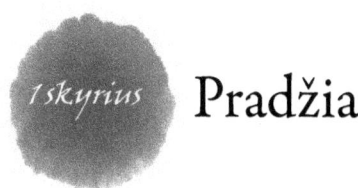 # Pradžia

"
Jeigu suprantame Dievo kilmę
ir žmonijos atsiradimą,
galime atlikti tikrąją žmogaus pareigą.
"

Dievo kilmė

Pradžioje Dievas suplanavo žmonijos ugdymą

Dievo Trejybės paveikslas

Dievas sukūrė žmones, kad įgytų ištikimų vaikų

Žmonių atsiradimas

Gyvybės sėklos ir pradėjimas

Visagalis Dievas Kūrėjas

*„Pradžioje buvo Žodis. Tas Žodis buvo pas Dievą,
ir Žodis buvo Dievas."*

(Evangelija pagal Joną 1, 1)

Šiandien daugybė žmonių ieško beprasmių dalykų, nes nežino apie visatos kilmę ir tikrąjį Dievą, kuris ją valdo. Jie tiesiog daro, kas jiems patinka, nes nežino, kodėl gyvena šioje žemėje – neturi gyvenimo tikslo ir nesuvokia jo vertės. Jų gyvenimas kaip linguojanti žolė, nes jie nežino savo kilmės.

Tačiau galime tikėti į Dievą ir gyventi, atlikdami tikrąją žmogaus pareigą, jeigu žinome apie Dievo Trejybės kilmę ir žmonijos atsiradimą. Taigi, kokia Triasmenio Dievo – Tėvo, Sūnaus ir Šventosios Dvasios - kilmė?

### Dievo kilmė

Evangelija pagal Joną 1, 1 kalba apie Dievą pradžioje, kitaip tariant, apie Dievo kilmę. Kada buvo ši „pradžia"? Jis buvo prieš amžinybę, kai visose visatos erdvėse nebuvo nieko, išskyrus Kūrėją Dievą. Visos visatos erdvės yra ne tik regimoji visata. Be visatos erdvės, kurioje mes gyvename, egzistuoja kitos neaprėpiamos erdvės. Visoje visatoje, įskaitant visas jos erdves, prieš amžinybę Dievas Kūrėjas buvo vienas.

Viskas šioje žemėje turi ribas ir pradžią bei pabaigą, todėl daugumai žmonių sunku suprasti sąvoką „prieš amžinybę". Gal Dievas galėjo pasakyti: „Pradžioje buvo Dievas", bet kodėl Jis pasakė: „Pradžioje buvo Žodis"? Todėl, kad tada

Dievas neturėjo „išvaizdos" arba „pavidalo", kokį turi dabar.

Šio pasaulio žmonės yra riboti, todėl jiems visada reikia kokios nors materialios formos arba regimo pavidalo, kurį galima paliesti. Todėl jie daro ir garbina įvairius stabus. Bet ar gali žmogaus padaryti stabai tapti dievu, sukūrusiu dangų ir žemę bei viską, kas juose? Ar jie gali valdyti gyvenimą ir mirtį, sėkmes bei nesėkmes ir net žmonijos istoriją?

Pradžioje Dievas buvo Žodis, bet tam, kad žmonės pajėgtų atpažinti Dievo buvimą, Jis priėmė pavidalą. Kaip pradžioje atrodė Dievas, kuris buvo Žodis? Jis buvo kaip nuostabios šviesos ir didingas balsas. Jam nereikėjo vardo ar pavidalo. Jis buvo kaip Šviesa, turinti balsą ir valdanti visas visatos erdves. Evangelijoje pagal Joną 1, 5 parašyta, kad Dievas yra šviesa, Jis gaubė visas visatos erdves šviesa, turinčia balsą, ir tas baldas yra „Žodis", minimas Evangelijoje pagal Joną 1, 1.

### Pradžioje Dievas suplanavo žmonijos ugdymą

Kai atėjo laikas, Dievas, kuris pradžioje buvo Žodis, sukūrė planą. Tai buvo žmonijos ugdymo planas. Trumpai tariant, tai planas sukurti žmones ir leisti jiems daugintis, kad kai kurie iš jų taptų ištikimais Dievo vaikais, panašiais į

Jį. Paskui Dievas paims juos į dangaus karalystę ir laimingai gyvens, amžinai dalindamasis meile su jais.

Turėdamas planą, Dievas pradėjo įgyvendinti jį žingsnis po žingsnio. Pirma, Jis padalino visatą. Nuodugniau paaiškinsiu apie erdves antrame šios knygos skyriuje. Iš tiesų visos erdvės buvo viena erdvė, ir Dievas padalino vieną ištisą erdvę į daug erdvių, reikalingų žmonijos ugdymui. Vienas nepaprastai svarbus dalykas įvyko po erdvės padalinimo.

Prieš pradžią buvo Vienas Dievas, bet Jis tapo Tėvo, Sūnaus ir Šventosios Dvasios Trejybe. Galima pasakyti, jog Dievas Tėvas pagimdė Dievą Sūnų ir Dievą Šventąją Dvasią. Todėl Šventasis Raštas vadina Jėzų Kristų viengimiu Dievo Sūnumi. Laiške hebrajams 5, 5 parašyta: „Tu esi mano Sūnus, šiandien aš tave pagimdžiau."

Dievas Sūnus ir Dievas Šventoji Dvasia turi tą pačią širdį ir galią, nes jie viena su Dievu. Trejybė yra ta pati jos asmenyse. Todėl Laiškas filipiečiams 2, 6-7 apie Jėzų sako: „Jis, turėdamas Dievo pavidalą, nelaikė grobiu būti lygiam su Dievu, bet apiplėšė pats save, priimdamas tarno pavidalą ir tapdamas panašus į žmones. Jis ir išore tapo kaip visi žmonės."

## Dievo Trejybės paveikslas

Pradžioje Dievas buvo Žodis, esantis Šviesoje, bet Jis priėmė Trejybės pavidalą, kad išugdytų žmoniją. Galima įsivaizduoti Dievo paveikslą, galvodami apie tai, kaip Dievas sukūrė žmogų. Pradžios knyga 1, 26 sako: „Padarykime žmogų pagal mūsų paveikslą ir panašumą; tevaldo jis ir jūros žuvis, ir padangių sparnuočius, ir galvijus, ir visus laukinius žemės gyvulius, ir visus žemėje šliaužiojančius roplius!" Žodis „mūsų" čia reiškia Tėvo, Sūnaus ir Šventosios Dvasios Trejybę, todėl suprantame, kad buvome sukurti pagal Dievo Trejybės paveikslą.

Parašyta: „Padarykime žmogų pagal mūsų paveikslą ir panašumą," todėl galime suprasti, koks yra Dievo Trejybės paveikslas. Žinoma, žmonių sukūrimas pagal Dievo paveikslą reiškia, kad ne tik išvaizda esame panašūs į Dievą. Žmogaus vidus taip pat buvo sukurtas pagal Dievo paveikslą ir pripildytas gerumu bei tiesa.

Tačiau pirmasis žmogus Adomas nusidėjo nepaklusnumu, ir prarado pirminį paveikslą, kurį gavo sukūrimo metu. Jis sugedo ir susitepė nuodėmėmis ir nedorybe. Jeigu tikrai suprantame, kad mūsų kūnas ir širdis buvo sukurti pagal Dievo paveikslą, turime atgauti prarastą Dievo paveikslą.

## Dievas sukūrė žmones, kad įgytų ištikimų vaikų

Dievas Trejybė, padalinęs erdves, ėmė vieną po kito kurti reikalingus dalykus. Pavyzdžiui, Jam nereikėjo savo buveinės, kai Jis buvo Šviesa ir Balsas. Tačiau, kai Jis priėmė pavidalą, Jam reikėjo buveinės kartu su Jam tarnaujančiais angelais ir dangaus galybėmis. Todėl Jis pirmiausia sukūrė dvasines būtybes dvasinėje karalystėje, o paskui visus dalykus ir daiktus visatoje, kurioje mes gyvename.

Žinoma, Jis sukūrė dangus ir žemę ne iš karto po dvasinės karalystės sukūrimo. Sukūręs dvasinę karalystę, Dievas Trejybė gyveno ten su dangaus galybėmis ir angelais neribotą laiko tarpą. Po tokio ilgo laiko tarpo Jis sukūrė visus dalykus mūsų fizinėje erdvėje. Tik sukūręs aplinką, kurioje žmonės gali gyventi, Jis sukūrė žmogų pagal savo paveikslą.

Kodėl Dievas sukūrė žmogų, turėdamas daugybę dangaus galybių ir angelų, tarnaujančių Jam? Todėl, kad Dievui reikėjo ištikimų vaikų, panašių į Jį ir galinčių dalintis tikrąja meile su Juo. Išskyrus kelis ypatinguosius, dangaus galybės ir angelai besąlygiškai paklūsta ir tarnauja Dievui, tam tikra prasme, kaip robotai. Pagalvokime apie tėvus ir vaikus. Jokie tėvai nemylės paklusnių robotų labiau negu savo vaikų. Jie myli savo vaikus, nes gali laisva valia dalintis meile vieni su kitais. Žmonės gali laisva valia klausyti Dievo ir mylėti Jį. Žinoma, žmonės savaime negali suprasti Dievo širdies ir dalintis meile su Juo, vos tik gimę. Jie turi patirti daugybę dalykų augdami, kad pajustų Dievo meilę ir suprastų tikrąją žmonijos pareigą. Tik paskui jie gali visa širdimi pamilti Dievą ir vykdyti Jo valią.

Tokie žmonės myli Dievą ne todėl, kad būna priversti tai daryti. Jie paklūsta Dievo žodžiui ne todėl, kad bijo bausmės. Jie tiesiog myli Dievą ir dėkoja Jam savo laisva valia. Jų nusistatymas nesikeičia. Dievas suplanavo žmonijos ugdymą, kad įsigytų ištikimų vaikų, su kuriais galėtų dalintis meile, atiduodama ir priimama visa širdimi. Šiam tikslui Dievas sukūrė pirmąjį žmogų Adomą.

### Žmonių atsiradimas

Kaip atsirado žmonės? Pradžios knygoje 2, 7 parašyta: „Tuomet VIEŠPATS Dievas padarė žmogų iš žemės dulkių ir įkvėpė jam į šnerves gyvybės alsavimą. Taip žmogus tapo gyva būtybe." Žmonės yra ypatingos būtybės, netelpančios į jokius darvinizmo peršamus apibrėžimus. Žmonės neišsivystė iš žemesniųjų gyvūnų ir ne palaipsniui pasiekė dabartinį lygį. Žmonės buvo sukurti pagal Dievo paveikslą, ir Dievas įkvėpė jiems gyvybės alsavimą. Tai reiškia, kad ir dvasia, ir kūnas atsirado iš Dievo.

Žmonės yra dvasinės būtybės, kilusios iš aukštybių. Neturime laikyti savęs truputį labiau už kitus padarus išsivysčiusiais gyvuliais. Jeigu pažvelgsime į suakmenėjusias iškasenas, pateikiamas kaip evoliucijos įrodymą, nerasime tarpinių rūšių, jungiančių skirtingas rūšis. Kita vertus, turime daugybę sukūrimo įrodymų.

Pavyzdžiui, visi žmonės turi po dvi akis, dvi ausis, vieną nosį ir vieną burną toje pačioje vietoje. Ir ne tik žmonės. Visi gyvūnai turi beveik vienodą sandarą. Tai įrodymas, kad visi gyvi padarai buvo sukurti vieno Kūrėjo. Be to, faktas, kad visatoje vyrauja tobula tvarka, be jokios klaidos, įrodo Dievo Kūrėjo buvimą.

Šiandien daug kas mano, kad žmonės išsivystė iš gyvulių, todėl jie nežino iš kur atėjo ir kodėl gyvena. Tačiau supratę, kad esame šventos būtybės, sukurtos pagal Dievo paveikslą, susipažįstame su savo Tėvu ir savaime stengiamės gyventi pagal Jo žodį ir būti panašūs į Jį.

Galime manyti, kad mūsų biologiniai tėvai pagimdė mus, bet pirmas mūsų fizinis protėvis yra pirmasis žmogus Adomas. Todėl mūsų tikrasis Tėvas yra Dievas, sukūręs žmones. Dievas davė mums gyvybės sėklas. Mūsų tėvai yra tik įrankiai, tarnaujantys gyvybės sėklų susijungimui – mūsų pradėjimui.

## Gyvybės sėklos ir pradėjimas

Dievas davė gyvybės sėklą. Jis davė spermatozoidus vyrams ir kiaušialąstes moterims, kad jie gimdytų vaikus. Šia prasme žmonės savo gebėjimais negali pagimdyti vaikų. Dievas davė jiems gyvybės sėklas, kad jie susilauktų palikuonių. Gyvybės sėklose slypinti Dievo galia sukuria visus žmogaus kūno organus. Gyvybės sėklos labai mažos, nematomos plika akimi, bet žmogaus charakteris, išvaizda, įpročiai ir gyvybinė jėga slypi jose. Kai vaikai gimsta, jie paveldi ne tik tėvų išvaizdą, bet ir charakterį. Jeigu žmonės patys galėtų gimdyti, ar būtų nevaisingų porų, siekiančių turėti vaikų? Prasidėjimas priklauso tik nuo Dievo. Šiandien atliekamas dirbtinis apvaisinimas, bet žmonės negali padaryti spermatozoidų ir kiaušialąsčių. Sukūrimo galia priklauso vienam Dievui.

Daug tikinčiųjų ne tik mūsų bažnyčioje, bet ir kitose šalyse, patyrė Dievo kuriamąją galią. Daug sutuoktinių ilgą laiką negalėjo turėti vaikų, kai kurie net 20 metų. Jie išbandė visas galimas priemones, bet veltui. Tačiau po maldos dauguma jų susilaukė sveikų vaikų.

Prieš kelerius metus sutuoktinių pora iš Japonijos atvyko pas mus į prabudimo susirinkimą, ir aš pasimeldžiau už juos. Jie ne tik išgijo iš savo ligų, bet ir buvo palaiminti kūdikio pradėjimu. Ši naujiena pasklido ir daugybė žmonių atvyko iš Japonijos, kad pasimelsčiau už juos. Jie taip pat gavo pastojimo palaiminimą pagal savo tikėjimą. Galiausiai tame Japonijos regione įsikūrė mūsų dukterinė bažnyčia.

## Visagalis Dievas Kūrėjas

Šiandien medicinos mokslas pasiekė labai daug, bet tik Dievo, gyvybės valdovo, jėga gali sukurti gyvybę. Dievo galia sugrąžina į gyvenimą prie mirties slenksčio esančius žmones, išgirdusieji mirties nuosprendį ligonėje pasveiksta iš įvairiausių ligų, kurios medicinos mokslui ir žmonėms yra neišgydomos.

Kūrėjo balsu prabilęs Dievas gali bet ką sukurti iš nieko. Jo galybei nieko nėra negalimo. Laiškas romiečiams 1, 20 sako: „Jo neregimosios ypatybės jo amžinoji galybė ir dievystė nuo pat pasaulio sukūrimo įžvelgiamos protu iš jo kūrinių, taigi jie nepateisinami." Matydami Dievo kūrinius, galime įžvelgti Dievo Kūrėjo, kuris yra visų dalykų pradžia, galybę ir dievystę.

Jeigu žmonės bando suprasti Dievą, remdamiesi savo ribotomis žiniomis, jie neišvengiamai atsiduria aklavietėje. Todėl daugybė žmonių netiki tuo, kas parašyta Biblijoje. Kiti sako, kad tiki, bet iš tiesų tiki ne viskuo, ką sako Biblija. Jėzus puikiai pažįsta žmoniją, todėl patvirtino savo skelbiamą žodį daugybe galingų darbų. Jis pasakė: „Kol nepamatysite ženklų ir stebuklų, jūs netikėsite" (Evangelija pagal Joną 4, 48). Tas pats ir šiandien. Dievas yra visagalis. Jeigu tikime ir visiškai pasikliaujame visagaliu Dievu, Jis gali išspręsti bet kokią problemą ir išgydyti visas ligas.

Dievas pradėjo kurti pasaulį savo Žodžiu taręs: „Tebūna šviesa!" Kai nuskamba Kūrėjo Dievo balsas, aklieji praregi, neįgalieji pakyla iš vežimėlių, vaikšto ir šokinėja, palikę ramentus. Viliuosi, kad visos jūsų maldos bus išklausytos ir visi troškimai išpildyti tikėjimu, nuskambėjus Dievo Kūrėjo balsui.

Emmanuel Marallano Yaipen (Lima, Peru)

## Išlaisvintas iš AIDS baimės

Stodamas į kariuomenę 2001 metais, medicinos komisijoje išgirdau: „Jūsų ŽIV testo rezultatas yra teigiamas." Tai buvo visiškai netikėta naujiena. Jaučiausi prakeiktas.

Nekreipiau rimto dėmesio į savo dažną viduriavimą.

Susmukau krėsle ir jaučiausi beviltiškai.

„Kaip pasakyti apie tai savo motinai?"

Kentėjau skausmą, man širdis plyšo, kai galvojau apie savo motiną. Viduriavau vis dažniau, jaučiau pelėsių skonį burnoje, pirštų galai pradėjo pleiskanoti. Mirties baimė pradėjo vis labiau mane smaugti. Paskui išgirdau, kad galingas Dievo tarnas iš Pietų Korėjos atvyksta į Peru 2004 metų gruodį. Tačiau nealėjau patikėti, kad mano liga gali būti išgydyta.

Aš nuleidau rankas, bet mano močiutė karštai ragino mane ateiti į evangelizacinį susirinkimą. Galų gale nuvykau į „Campo de Marte", kur vyko 2004 metų Peru evangelizacijos kampanija su pastoriumi dr. Jaerock Lee. Tau buvo mano paskutinė viltis.

Mano kūnas virpėjo nuo Šventosios Dvasios jėgos, kai klausiausi skelbiamos žinios. Šventoji Dvasia galingai veikė ir padarė daug stebuklų.

Dr. Jaerock Lee meldėsi ne už kiekvieną individuliai, bet už visą minią, tačiau daug žmonių liudijo apie savo išgijimą. Daug žmonių pakilo iš neįgaliųjų vežimėlių ir paliko savo ramentus. Daug kitų džiaugėsi pasveikę nuo neišgydomų ligų.

Aš taip pat patyriau stebuklą. Nuėjau į tualetą, susirinkimui pasibaigus, ir po ilgo laiko pirmą kartą normaliai nusišlapinau. Mano viduriavimas liovėsi po dviejų su puse mėnesio. Jaučiau nepaprastą lengvumą savo kūne. Buvau tikras, kad pasveikau, ir nuvykau į

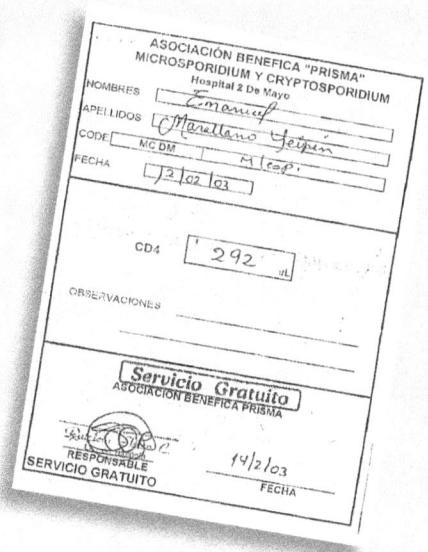

ligoninę. Tyrimai parodė kad mano imuninės sistemos ląstelių CD4 skaičius neįtikėtinai išaugo ir pasiekė normalų lygį.

AIDS yra neišgydoma liga, vadinam šių laikų Juodąja mirtimi. ŽIV žudo imuninės sistemos ląsteles CD4. Imunitetas visiškai nusilpsta, prasideda įvairios komplikacijos, kurios galiausiai baigiasi mirtimi. Mano ląstelės CD4 sparčiai nyko, ir įvyko tikras stebuklas – jos atgijo, pasimeldus pastoriui Dr. Jaerock Lee.

                                            **Ištrauka iš leidinio „Nepaprasti įvykiai"**

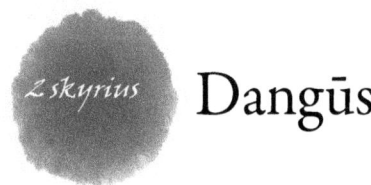

# 2 skyrius Dangūs

> Kūrėjas Dievas gyvena ketvirtajame danguje ir valdo visus dangus: pirmąjį dangų, antrąjį dangų ir trečiąjį dangų.

Dangūs

Pirmasis dangus ir antrasis dangus

Edeno sodas

Trečiasis dangus

Ketvirtasis dangus, Dievo buveinė

Dievas Kūrėjas, visagalis

Dievas visagalis pranoksta žmogaus ribotumą

Susitikimas su visagaliu Dievu Kūrėju

*„Tu gi, Viešpatie, esi pats vienas. Tu padarei dangų, dangų dangų ir visą jų kareiviją, žemę ir visa, kas ant jos yra, jūras ir viską, kas jose yra, ir tu visam tam duodi gyvybę, o dangaus kareivija garbina tave."*

---

(Nehemijo knyga 9, 6; J. Skvirecko vertimas)

Dievas neturi žmogaus ribotumo. Jis buvo prieš amžinybę ir yra amžinas. Pasaulis, kuriame Jis gyvena, yra visiškai skirtingos dimensijos erdvėje, negu šis pasaulis. Regimasis pasaulis, kuriame gyvena žmonės yra fizinėje karalystėje, o erdvė, kur Dievas gyvena, yra dvasinė karalystė. Dvasinė karalystė tikrai yra, bet ji nematoma mūsų fizinėms akims, todėl daug žmonių neigia jos buvimą. Vienas astronautas kažkada pasakė: „Aš buvau kosmose, bet Dievo ten nebuvo." Koks kvailas pareiškimas! Jis galvojo, kad regimoji visata yra viskas. Tačiau net astronomai pripažįsta, kad vien mūsų regimoji visata yra beribė. Kokią jos dalį matė tas astronautas, kad galėtų neigti Dievo buvimą? Būdami riboti žmonės negalime paaiškinti visų dalykų net savo pasaulyje, kuriame gyvename.

## Dangūs

Nehemijo knygoje 9, 6 parašyta: „Tu gi, Viešpatie, esi pats vienas. Tu padarei dangų, dangų dangų ir visą jų kareiviją, žemę ir visa, kas ant jos yra, jūras ir viską, kas jose yra, ir tu visam tam duodi gyvybę, o dangaus kareivija garbina tave." Dievo žodis sako, kad dangus yra ne vienas, be daug dangų.

Koks yra tikrasis dangų skaičius? Jeigu jūs tikite dangaus karalyste, galite manyti, kad yra du dangūs. Vienas materialiame pasaulyje, o kitas dvasinėje karalystėje. Tačiau Biblija kalba apie daug dangų daugelyje vietų.

"Tam, kuris važiuoja per dangus, senovinius dangus! Klausykis! Jis išduoda savo balsą, galingą balsą!" (Psalmynas 68, 33; A. Jurėno vertimas)

"Bet argi Dievas iš tiesų gyvens žemėje? Štai dangus ir dangų dangūs nepajėgia Tavęs sutalpinti, juo labiau šitie namai, kuriuos pastačiau" (Karalių pirma knyga 8, 27; K. Burbulio vertimas).

"Pažįstu žmogų Kristuje, kuris prieš keturiolika metų ar kūne, ar be kūno, nežinau, Dievas žino buvo pagautas ir iškeltas iki trečiojo dangaus" (Antras laiškas korintiečiams 12, 2).

Apaštalo Pauliaus pakėlimas iki trečiojo dangaus liudija, kad yra pirmasis, antrasis bei trečiasis dangūs ir gali būti dar daugiau.

Apaštalų darbų knygoje 7, 56 Steponas pasakė: "Štai regiu atsivėrusį dangų ir Žmogaus Sūnų, stovintį Dievo dešinėje." Jeigu žmogaus dvasinės akys atsiveria, jis mato dvasinę karalystę ir supranta dangaus karalystės tikrumą.

Šiandien net mokslininkai teigia, kad yra daug dangų. Vienas iš pažangiausių šios srities mokslininkų, kosmologas Max Tegmark, kalba apie keturių lygių multivisatą.

Ši teorija, pagrįsta kosmoso stebėjimais, teigia, kad mūsų visata yra tik dalis visos visatos, kuri susideda iš daugybės visatų, kurių fizinės savybės gali būti visiškai skirtingos.

Skirtingos fizinės savybė reiškia, kad laiko ir erdvės savybės gali būti visiškai kitokios. Žinoma, mokslas negali paaiškinti visko apie dvasinę karalystę. Tačiau mokslas pripažįsta faktą, kad šis pasaulis yra ne viskas.

## Pirmasis dangus ir antrasis dangus

Visi dangūs gali būti suskirstyti į dvi kategorijas. Tai dvasinės karalystės dangūs, neregimi mūsų akims, ir fizinio pasaulio, kuriame mes gyvename, dangus. Fizinė visata, kurioje mes gyvename, yra pirmajame danguje, o nuo antrojo dangaus prasideda dvasinė karalystė. Antrajame danguje yra šviesos sritis, kurioje gyvuoja Edeno sodas, ir tamsos sritis, kurioje gyvena piktosios dvasios.

Laiškas efeziečiams 2, 2 sako, kad piktosios dvasios yra kunigaikštis, viešpataujantis ore, o šis „oras" yra antrajame danguje. Pradžios knyga 3, 24 sako, kad Dievas pastatė į rytus nuo Edeno sodo kerubus ir liepsnojantį kalaviją kelio prie gyvybės medžio saugoti.

„Išvaręs žmogų, jis pastatė į rytus nuo Edeno sodo kerubus ir liepsna švytruojantį kalaviją kelio prie gyvybės medžio saugoti."

Kodėl Dievas pastatė juos rytų pusėje? Todėl, kad „rytai" yra siena tarp piktųjų dvasių pasaulio ir Edeno sodo, kuris priklauso Dievui. Dievas apsaugojo Edeno sodą nuo piktųjų dvasių įsibrovimo, kad šios nevalgytų nuo gyvybės medžio ir negautų amžinojo gyvenimo.

Prieš valgydamas nuo gero ir pikto pažinimo medžio, Adomas turėjo Dievo duotą valdžią valdyti Edeno sodą ir viską pirmajame danguje. Bet Adomas nepakluso Dievo žodžiui ir valgė nuo pažinimo medžio, todėl buvo išvarytas iš Edeno sodo. Nuo to laiko reikėjo, kad kas nors kitas saugotų Edeno sodą, kuriame auga gyvybės medis. Todėl Dievas pastatė kerubus ir liepsna švytruojantį kalaviją Adomo vietoje.

## Edeno sodas

Pradžios knygos 2-as skyrius sako, kad Dievas, sukūręs Adomą iš šios žemės dulkių, užveisė Edeno sodą ir įkurdino jame Adomą. Adomas buvo „gyva būtybė" arba „gyva dvasia". Jis buvo dvasinė būtybė, gavusi gyvybės alsavimą iš Dievo. Todėl Dievas apgyvendino jį antrajame danguje, kuris yra dvasinė erdvė.

Dievas palaimino Adomą ir pavedė jam valdyti viską Žemėje, esančioje pirmajame danguje, į kurią šis atvykdavo. Tačiau nepaklusnumo Dievui nuodėmė nužudė Adomo dvasią, ir šis nebegalėjo gyventi dvasinėje erdvėje. Todėl Adomas buvo ištremtas į Žemę. Nesuprantantieji šio fakto, vis dar bando atrasti Edeno sodą Žemės planetoje, nes nežino, kad Edeno sodas yra antrajame danguje, dvasinėje karalystėje, ne šiame fiziniame pasaulyje. Gizos piramidės Egipte, vienas iš pasaulio stebuklų, yra tokios sudėtingos ir didžiulės, kad atrodo, jog jos pastatytos ne žmonijos technologijomis. Vidutinis vieno akmens luito svoris siekia 2,5 tonos. Vienai piramidei reikėjo 2,3 milijono akmens luitų. Iš kur jie gavo tiek akmenų? Kokie statybos įrankiai buvo tais laikais? Kas pastatė šias piramides? Lengva atsakyti į šį klausimą, kai žinome apie skirtingus dangus ir dvasinę erdvę. Daugiau detalių paaiškinta mano paskaitose iš Pradžios knygos. Kas gyvena Edeno sode po Adomo išvarymo dėl nepaklusnumo?

Pradžios knygoje 3, 16 Dievas pasakė nusidėjusiai Ievai: „Aš padauginsiu tavo skausmus per nėštumą; skausme gimdysi vaikus, bet aistringai geisi savo vyro, o jis valdys tave". „Padauginti" reiškia, kad gimdymas jau buvo kažkiek skausmingas, ir gimdymo skausmai bus padidinti. Taip pat Pradžios knyga 1, 28 sako, kad Adomas ir Ieva dauginosi, o tai reiškia, kad Ieva gimdė, gyvendama Edeno sode.

Adomas ir Ieva, gyvendami Edeno sode, susilaukė daugybės vaikų. Jie tebegyvena ten po Adomo ir Ievos išvarymo dėl jų nuodėmių. Prieš Adomo nuopuolį žmonės galėjo laisvai keliauti iš Edeno sodo į Žemę, bet po Adomo išvarymo buvo įvesti apribojimai.

Laiko ir erdvės samprata pirmajame ir antrajame danguje labai skirtinga. Laikas teka ir antrajame danguje, bet jis ne toks ribotas kaip mūsų fiziniame pasaulyje. Edeno sode niekas nesensta ir nemiršta. Niekas nepražūsta ir neišnyksta. Net po ilgo laiko žmonės nejaučia laiko įtakos. Jie jaučiasi, kaip gyvendami laike, kuris neteka. Erdvė Edene taip pat beribė.

Jeigu žmonės nemirtų pirmajame danguje, vieną dieną jis būtų pilnas žmonių. Tačiau antrasis dangus turi beribę erdvę, todėl niekada nebus pilnas, kad ir kiek žmonių gimtų.

**Trečiasis dangus**

Dvasinėje karalystėje yra dar vienas dangus. Tai trečiasis dangus, kuriame yra dangaus karalystė. Tai vieta, kurioje išgelbėti Dievo vaikai gyvens amžinai. Apaštalas Paulius, gavęs daug apreiškimų ir regėjimų iš Viešpaties, Antrame laiške korintiečiams 12, 2-4 sako: „Pažįstu žmogų Kristuje, kuris prieš keturiolika metų ar kūne, ar be kūno, nežinau, Dievas žino buvo pagautas ir iškeltas iki trečiojo dangaus. Ir žinau, kad šitas žmogus ar kūne, ar be kūno, nežinau, Dievas žino buvo paimtas į rojų ir girdėjo slaptingus žodžius, kurių nevalia žmogui ištarti."

Kaip visos valstybės turi po sostinę ir kitų miestų bei mietelių, taip ir dangaus karalystėje yra daug buveinių, pradedant Naujosios Jeruzalės miestu, kuriame stovi Dievo sostas, ir baigiant Rojumi, kuris yra dangaus karalystės pakraštyje. Mūsų buveinės bus skirtingos, priklausomai nuo to, kaip šioje žemėje mylėjome Dievą, ir kokiu mastu išsiugdėme tiesos širdį bei atgavome prarastą Dievo paveikslą.

Trečiajame danguje laiko ir erdvės ribų dar mažiau negu antrajame. Jo laikas amžinas, o erdvė beribė. Pirmame danguje gyvenantiems žmonėms sunku suprasti dangaus karalystės erdvę ir laiką. Paimkime balioną. Prieš pripūtimą baliono tūris labai ribotas, tačiau jis labai padidėja, pučiant orą į balioną. Dangaus karalystės erdvė panaši į baliono. Kai statome namą, mums reikia žemės sklypo, ir erdvė jame yra ribota. Tačiau trečiojo dangaus erdvėje namai statomi visai kitaip, nes erdvės, tūrio, ilgio, pločio ir aukščio samprata ten visiškai kitokia.

## Ketvirtasis dangus, Dievo buveinė

Ketvirtasis dangus yra pirminė erdvė, kurioje Dievas buvo prieš pradžią, prieš padalindamas visatą į kelis dangus. Ketvirtajame danguje laiko ir erdvės sąvoka yra beprasmė. Ketvirtasis dangus pranoksta bet kokią laiko ir erdvės sąvoką, ir ten įvyksta viskas, ko Dievas panori.

Prisikėlęs Viešpats atėjo pas savo mokinius, kurie bijodami žydų slėpėsi, užrakinę duris (Evangelija pagal Joną 20, 19-29). Jėzus atsirado namo viduje, nors niekas Jam neatrakino durų. Jis iš niekur atsirado pas savo mokinius, kurie buvo Galilėjoje, ir valgė su jais (Evangelija pagal Joną 21, 1-14). Jis išbuvo šioje žemėje keturiasdešimt dienų ir pakilo į dangų per debesis daugybės žmonių akivaizdoje. Prisikėlęs Jėzus Kristus buvo virš erdvės ir laiko ribų.

Ar galite įsivaizduoti ketvirtąjį dangų, kur Dievas buvo prieš pradžią? Kaip Dievas apėmė ir valdė visas erdves visatoje, būdamas Šviesa, turinčia Balsą, taip Jis valdo viską pirmajame, antrajame ir trečiajame danguose, gyvendamas ketvirtajame.

## Dievas Kūrėjas, visagalis

Šis pasaulis, kuriame žmonės gyvena, yra labai mažas krislelis, palyginti su kitais neaprėpiamais ir paslaptingais dangumis. Žemėje žmonės daro viską, kad geriau gyventų, patirdami įvairius sunkumus ir bėdas. Jiems labai sunku išbristi šio pasaulio vargų, bet Dievas lengvai gali viską išspręsti.

Tarkime, žmogus stebi skruzdėlyną. Kartais skruzdėlėms labai sunku parsinešti maistą. Tačiau žmogus labai lengvai gali perkelti jį į skruzdėlyną. Jeigu skruzdėlė prieina vandens klaną, kurio negali įveikti, žmogus gali ištiesti ranką ir perkelti skruzdėlę į kitą klano pusę. Didžiuliai skruzdėlių sunkumai tėra smulkmena žmogui. Panašiai ir mums su Dievo pagalba jokios bėdos nebaisios.

Senasis Testamentas daugybę kartų liudija apie Dievo visagalybę. Visagalis Dievas perskyrė Raudonąją jūrą, sustabdė Jordano upės tėkmę bei saulę ir mėnulį, o Mozei sudavus lazda į uolą, iš šios ištryško vanduo. Kiek galios, turtų bei žinių žmogus beturėtų, ar jis perskirtų jūrą ir sustabdytų saulę bei mėnulį? Bet Evangelijoje pagal Morkų 10, 27 Jėzus pasakė: „Tai neįmanoma žmonėms, bet ne Dievui: Dievui viskas įmanoma."

Naujasis Testamentas kalba apie daugybės ligonių bei neįgaliųjų išgydymą ir net mirusiųjų prikėlimą Dievo galia. Kai Pauliaus kūną lietusias skepetas ir prijuostes dėdavo ligoniams, nuo jų pasitraukdavo ligos ir išeidavo piktosios dvasios.

## Dievas visagalis pranoksta žmogaus ribotumą

Ir šiandien galime įveikti visus sunkumus su Dievo galios pagalba. Net atrodančios neįveikiamos bėdos bus ne problema. Tai kiekvieną savaitę vyksta bažnyčioje, kurioje tarnauju. Labai daug neišgydomų ligų, įskaitant AIDS, buvo išgydytos, tikintiesiems klausant Dievo žodžio ir maldaujant išgydymo šlovinimo susirinkimuose.

Daugybė žmonių ne tik Pietų Korėjoje, bet ir visame pasaulyje patyrė nuostabių išgydymų, aprašytų Biblijoje. Šie stebuklingi darbai buvo parodyti vienoje CNN televizijos laidoje. Be to, turime pastorių padėjėjų, kurie meldžiasi su skepetėlėmis, už kurias meldžiausi. Dieviški išgydymai vyksta per šias maldas, peržengiančias visus rasių ir kultūrų skirtumus.

Visos mano gyvenimo problemos taip pat buvo išspręstos, kai susitikau su Dievu Kūrėju. Mane kamavo tiek ligų, kad buvau pravardžiuojamas „ligų prekybos centru". Šeimoje nebuvo ramybės. Neturėjau jokios vilties, bet buvau išgydytas iš visų ligų tą akimirką, kai parpuoliau ant kelių bažnyčioje. Dievas palaimino mane ir aš grąžinau visas finansines skolas. Jos buvo tokios didžiulės, kad atrodė, jog jų neįmanoma grąžinti per visą gyvenimą, bet skolos buvo padengtos per kelis mėnesius. Mano šeima atgavo laimę ir džiaugsmą. Dievas pašaukė mane tapti pastoriumi ir suteikė man savo galią išgelbėti daug sielų.

Šiandien tiek daug žmonių sako, kad tiki į Dievą, bet labai nedaug gyvena su tikru tikėjimu. Susidūrę su problemomis, daugelis pasikliauja žmonių sprendimais, bet ne Dievu. Jie išsigąsta ir nusivilia, kai problemos neišsisprendžia taip, kaip jie nori. Jeigu jie suserga, nesišaukia Dievo, bet pasikliauja gydytojais ir ligoninėmis. Susidūrę su verslo sunkumais, jie ieško žmonių pagalbos.

Kai kurie tikintieji skundžiasi Dievui arba praranda tikėjimą dėl fizinių sunkumų. Jie susvyruoja tikėjime ir netenka pilnatvės, jeigu susiduria su persekiojimais ar nuostolių grėsme dėl teisumo. Jie tikrai nesvyruotų, jeigu tikrai tikėtų, kad Dievas sukūrė visus dangus, ir Jam nieko nėra neįmanomo.

Dievas sukūrė visus žmogaus vidaus organus. Ar gali būti kokia nors liga, kurios Dievas negali išgydyti? Dievas pasakė: „Mano yra sidabras ir mano yra auksas" (Agėjo knyga 2, 8). Ar Jis negali padaryti savo vaikų turtingų? Dievas viską gali, bet žmonės išsigąsta, nusivilia ir nutolsta nuo tiesos, nes nepasitiki Dievu Visagaliu. Nesvarbu, su kokia problema žmogus susiduria, jis gali bet kada ją išspręsti, jeigu nuoširdžiai pasitiki Dievu.

### Susitikimas su visagaliu Dievu Kūrėju

Kariuomenės vado Naamano istorija Karalių antros knygos 5-ame skyriuje moko mus, kaip gauti savo problemų sprendimą iš Dievo Visagalio. Naamanas buvo Aramo kariuomenės vadas, bet kentėjo nuo raupsų.

Vieną dieną jis išgirdo iš jaunos hebrajų tautybės tarnaitės apie Izraelio pranašą Eliziejų, rodantį Dievo galią. Naamanas buvo pagonis, netikintis į Dievą, bet turintis gerą širdį, todėl atkreipė dėmesį į mergaitės žodžius. Jis paruošė brangias dovanas Dievo vyrui Eliziejui ir pradėjo ilgą kelionę. Bet kai jis atvyko prie Eliziejaus namo, pranašas nesimeldė už jį ir net neišėjo jo pasveikinti. Pranašas tik pasiuntė savo tarną perduoti žinią Naamanui, kad šis nusimaudytų Jordano upėje septynis kartus. Iš pradžių Naamanas įsižeidė, bet paskui persigalvojo ir paklausė paliepimo. Nors Eliziejaus elgesys ir žodžiai buvo nesuvokiami Naamano protui, jis patikėjo ir pakluso Dievo pranašui, kurio žodžiai turėjo Dievo galią. Kai Naamanas pasinėrė Jordane septynis kartus, jo raupsai stebuklingai pradingo ir jis tapo visiškai sveikas. Tačiau ką simbolizuoja pasinėrimas Jordane? Vanduo yra Dievo žodis. Tai reiškia, kad žmogaus nuodėmės būna atleistos, jeigu šis nusiplauna savo širdies nešvarumus Dievo žodžiu, kaip kūną vandeniu. Skaičius septyni reiškia tobulumą, todėl pasinėrimas septynis kartus liudija, kad visos jo nuodėmės buvo atleistos.

Kaip minėjau, kad gautume atsakymus į maldas iš visagalio Dievo, turime turėti atvirą kelią pas Dievą per mūsų nuodėmių atleidimą. Izaijo knygoje 59, 1-2 parašyta: „VIEŠPATIES ranka nėra sutrumpėjusi, kad negalėtų gelbėti, nei jo ausis apkurtusi, kad neišgirstų. Bet jūsų kaltės atskyrė jus nuo jūsų Dievo, jūsų nuodėmės uždengė jo veidą, ir jis nebegirdi jūsų.''

Jeigu nepažįstame Dievo ir nepriėmėme Jėzaus Kristaus, atgailaukime už Jo nepriėmimą (Evangelija pagal Joną 16, 9).

Dievas sako, kad esame žmogžudžiai, jeigu nekenčiame savo brolių (Jono pirmas laiškas 3, 15), turime atgailauti už brolių nemylėjimą. Jokūbo laiškas 4, 2-3 sako: „Geidžiate ir neturite? Tuomet žudote. Pavydite ir negalite pasiekti? Tuomet kovojate ir kariaujate. Jūs neturite, nes neprašote. Jūs prašote ir negaunate, nes negerai prašote tik savo įnoriams patenkinti." Turime atgailauti už meldimąsi su godumu ir abejonėmis (Jokūbo laiškas 1, 6-7).

Be to, jeigu nevykdome Dievo žodžio, išpažindami tikėjimą, turime nuoširdžiai atgailauti. Turime ne tik atsiprašyti, bet persiplėšti širdį, raudodami ir liedami ašaras. Mūsų atgaila pripažįstama tikra tik tada, kai tvirtai pasiryžtame gyventi pagal Dievo žodį ir praktiškai vykdyti jį.

Pakartoto Įstatymo knyga 32, 39 sako: „Dabar įsidėmėkite, kad aš, aš vienas esu tas, ir nėra kito Dievo be manęs. Aš daliju mirtį ir gyvastį, sužeidžiu ir išgydau; niekas nepajėgia išsigelbėti iš mano rankos." Tai Dievas, į kurį mes tikime.

Dievas sukūrė visus dangus ir viską, kas yra juose. Jis žino visas situacijas. Jam pakanka galios atsakyti į visas mūsų maldas. Nesvarbu, kokia beviltiška ar liūdna mūsų padėtis atrodo žmonėms, Jis gali viską apversti į kitą pusę kaip monetą. Viliuosi, kad gausite atsakymus į maldas ir tai, ko trokšta jūsų širdis, turėdami tikrą tikėjimą ir pasikliaudami tik Dievu.

Dr. Vitaliy Fishberg (Niujorkas, Jungtinės Valstijos)

# Stebuklų arena

Prieš baigdamas medicinos mokslus Moldovoje, buvau žurnalo „Jūsų šeimos gydytojas" vyriausiasis redaktorius. Šis žurnalas populiarus Moldovoje, Ukrainoje, Rusijoje ir Baltarusijoje. 1997 metais emigravau į JAV. Turiu naturopatinės medicinos daktaro laipsnį, klinikinės mitybos ir integracinės medicinos daktaro laipsnį, alternatyviosios medicinos daktaro laipsnį, ortomolekulinės medicinos daktaro laipsnį ir natūraliosios medicinos garbės daktaro laipsnį. Kai atvykau į Niujorką, baigęs mokslus, labai greitai tapau įžymus rusų bendruomenėje, daug laikraščių spausdino mano straipsnius kiekvieną savaitę. 2006 metais išgirdau, kad didelis krikščionių susirinkimas įvyks Madison Square Garden arenoje. Susitikau su Manmin bažnyčios atstovais, ir pajutau Šventosios Dvasios galią per juos. Po dviejų savaičių nuvykau į evangelizacinį susirinkimą.

Pastorius dr. Jaerock Lee, paskelbęs žinią apie tai, kodėl Jėzus yra mūsų Gelbėtojas meldėsi už susirinkimo dalyvius: „Viešpatie, išgydyk juos! Tėve, Dieve, jeigu mano paskelbta žinia yra netiesa, neleisk man šį vakarą padaryti galingų darbų! Bet jeigu tai tiesa, leisk

daugybei sielų išvysti gyvojo Dievo veikimą. Tegul luošieji vaikščioja! Tegul kurtieji girdi! Tegul Šventosios Dvasios ugnis sudegina visas nepagydomas ligas ir tegul žmonės pasveiksta!"
Toks meldimasis sukrėtė mane. O jeigu dieviškų išgydymų nebus? Kaip jis gali melstis su tokiu pasitikėjimu? Tačiau stebuklai prasidėjo, dar nebaigus melstis už ligonius. Žmonės, kankinami piktųjų dvasių, buvo išlaisvinti. Nebyliai pradėjo kalbėti. Aklieji praregėjo. Daug žmonių su klausos negalia liudijo apie savo pasveikimą. Daug žmonių pakilo iš vežimėlių ir numetė ramentus. Kai kurie liudijo pasveikę nuo AIDS. Susirinkimui tęsiantis, Dievo galia nužengė dar stipriau. Pasaulio gydytojų krikščionių tinklo WCDN nariai, atvykę iš daugybės šalių, prie stalo užrašinėjo pasveikusiųjų liudijimus. Jie medicininiškai tikrino liudijimus ir, galiausiai pritrūkome gydytojų, galinčių patvirtinti visų pasveikusiųjų liudijimus!

Nubia Cano, 54 metų amžiaus ponia iš Queens'o, 2003 metais išgirdo diagnozę, kad serga stuburo vėžiu. Ji negalėjo vaikščioti ir pajudėti, ji visą laiką gulėjo lovoje, kas dvi valandas gaudama morfino injekcijas baisaus skausmo slopinimui. Gydytojai pasakė, kad ji niekada nebevaikščios.
Atvykusi į 2006 metų Niujorko evangelizacinę kampaniją su pastoriumi dr. Jaerock Lee, ji pamatė daug Dievo išgydomų žmonių ir pradėjo tikėti. Kai pastorius Lee meldėsi už ją, ji pajuto šilumą visame kūne, ir jai atrodė, kad kažkas masažuoja jai nugarą. Skausmas pasitraukė, ir po šio susirinkimo, ji pradėjo vaikščioti ir galėjo lankstyti liemenį! Jos gydytojas apstulbo, pamatęs ją – tą, kuri turėjo niekada nebevaikščioti – einančią kaip niekur nieko. Dabar ji gali šokti net merengę.

Maximillia Rodriguez, gyvenanti Brukline, turėjo labai prastą regėjimą. Ji nešiojo kontaktines linzes 14 metų ir akinius paskutinius dvejus metus. Paskutinę kampanijos dieną pastorius dr. Jaerock Lee'

WCDN organizacijos gydytojų patvirtinti liudijimai

pasimeldė už ją su tikėjimu, ir ji iš karto suprato, kad jai nebereikia akinių. Dabar ji be akinių skaito Bibliją net smulkiausiu šriftu. Oftalmologas, pripažinęs jos pasveikimą, be galo stebėjosi.

2006 metų liepą Madison Square Garden virto tikra stebuklų arena. Tapau Dievo veikimo liudininku. Jo galia pakeitė mane ir suteikė naują gyvenimo kryptį. Apsisprendžiau tapti Dievo įrankiu ir mediciniškai įrodyti Dievo gydančius darbus, kad visas pasaulis žinotų apie juos.

Ištrauka iš leidinio „Nepaprasti įvykiai"

# Triasmenis Dievas

> Dievas, kurį mes tikime, yra vienas Dievas.
> Tačiau Jis yra triasmenis:
> Tėvas, Sūnus ir Šventoji Dvasia.

Dievo apvaizda žmonijos ugdymui
Dievo Trejybės prigimtis ir tvarka
Dievo Trejybės vaidmenys
Jėzus Sūnus atveria išgelbėjimo kelią
Šventoji Dvasia užbaigia išgelbėjimą
Negesinkite Dvasios
Dievas Tėvas, žmonijos ugdymo vadovas
Triasmenis Dievas atliko apvaizdos numatytą išganymą
Triasmenio Dievo ir Šventosios Dvasios darbų neigimas

*„Tad eikite ir padarykite mano mokiniais visų tautų žmones, krikštydami juos vardan Tėvo ir Sūnaus, ir Šventosios Dvasios."*

(Evangelija pagal Matą 28, 19)

Dievas Trejybė reiškia, kad Dievas Tėvas, Dievas Sūnus ir Dievas Šventoji Dvasia yra viena. Dievas, kurį mes tikime, yra vienas Dievas. Tačiau Jis yra triasmenis: Tėvas, Sūnus ir Šventoji Dvasia. Ir vis dėl to Jie yra viena, todėl sakome: „Triasmenis Dievas" arba „Dievas Trejybė".

Tai labai svarbi krikščionybės doktrina, bet niekas negali teisingai ir išsamiai jos paaiškinti. Žmonėms, turintiems ribotą mąstyseną ir savo teorijas, labai sunku suprasti Dievo Kūrėjo kilmę. Tačiau bent dalinai suvokdami Dievą Trejybę, mes geriau suprantame Jo širdį ir valią bei gauname palaiminimus ir atsakymus į maldas, bendraudami su Juo.

### Dievo apvaizda žmonijos ugdymui

Dievas pasakė Išėjimo knygoje 3, 14: „Aš esu, kuris esu". Niekas Jo nepagimdė ir nesukūrė. Jis tiesiog buvo nuo pradžios. Jis pranoksta žmonių supratimą ir vaizduotę; Jis neturi pradžios ir pabaigos; Jis buvo prieš amžinybę ir yra amžinas. Dievas buvo vienas kaip Šviesa su skambiu balsu neaprėpiamoje erdvėje (Evangelija pagal Joną 1, 1; Jono pirmas laiškas 1, 5). Tam tikru laiku Jis panoro turėti ką nors, su kuo galėtų dalintis meile, ir suplanavo žmonijos ugdymą, kad įgytų ištikimų vaikų.

Dievas pirmiausia padalino erdvę žmonijos ugdymui. Jis padalino erdvę į dvasinę ir fizinę, kurioje gyvens žmonės su fiziniais kūnais. Paskui Jis tapo Triasmeniu Dievu. Dievas tapo trimis asmenimis: Tėvu, Sūnumi ir Šventąja Dvasia.

Biblija sako, kad Dievas Sūnus Jėzus Kristus gimė iš Dievo

(Apaštalų darbai 13, 33), o Evangelija pagal Joną 15, 26 bei Laiškas galatams 4, 6 teigia, kad Šventoji Dvasia taip pat ateina iš Dievo. Kaip kitas aš Sūnus Jėzus ir Šventoji Dvasia kilo iš Dievo Tėvo. Tai buvo būtina žmonijos ugdymui.

Jėzus Sūnus ir Šventoji Dvasia nėra Dievo kūriniai, Jie yra pats Dievas. Jie yra viena savo kilme, bet egzistuoja savarankiškai žmonijos ugdymui. Jų vaidmenys skirtingi, bet Jie yra viena širdimi, mintimis ir galia, todėl mes vadiname Juos Dievu Trejybe.

## Dievo Trejybės prigimtis ir tvarka

Kaip Dievas Tėvas, taip ir Jėzus Sūnus bei Šventoji Dvasia yra visagaliai. Jėzus Sūnus ir Šventoji Dvasia turi tuos pačius jausmus ir troškimus, kuriuos turi Dievas Tėvas. Dievas Tėvas jaučia džiaugsmą ir skausmus, kuriuos jaučia Jėzus Sūnus ir Šventoji Dvasia. Tačiau Trys Asmenys yra savarankiškos esybės, turinčios savo charakterius ir skirtingus vaidmenis.

Viena vertus, Jėzus Sūnus turi Dievo Tėvo širdį, bet Jo dieviškumas yra stipresnis už Jo žmogiškumą. Jo dieviškas kilnumas ir teisingumas yra iškilesni. Kita vertus, Šventosios Dvasios žmogiškumas yra stipresnis. Jos charakteryje dominuoja švelnumas, gerumas, gailestingumas ir užuojauta.

Dievas Sūnus ir Dievas Šventoji Dvasia yra vienos kilmės su Dievu tėvu, bet yra savarankiškos esybės su atskiriamais charakteriais. Jų vaidmenys taip pat skiriasi pagal nustatytą tvarką. Po Dievo Tėvo yra Sūnus Jėzus Kristus, o Šventoji Dvasia yra po Sūnaus. Ji su meile tarnauja Sūnui ir Tėvui.

## Dievo Trejybės vaidmenys

Trys Trejybės Asmenys kartu atlieka žmonijos ugdymo tarnystę. Kiekvienas iš Trijų Asmenų atlieka savo vaidmenį, bet kartais labai svarbius žmonijos ugdymo darbus atlieka kartu. Pavyzdžiui, Pradžios knyga 1, 26 sako: „Tuomet Dievas tarė: ,Padarykime žmogų pagal mūsų paveikslą ir panašumą'". Galime padaryti išvadą, kad Dievas Trejybė sukūrė žmones pagal savo panašumą. Taip pat, kai Dievas nužengė pamatyti Babelio bokšto, Trys Asmenys buvo kartu. Kai žmonės pradėjo statyti Babelio bokštą, norėdami būti kaip Dievas, Dievas Trejybė sumaišė jų kalbą.

Pradžios knygoje 11, 7 parašyta: „Eime, nuženkime ir sumaišykime jų kalbą, kad nebesuprastų, ką sako vienas kitam." Čia Dievas kalba daugiskaita, iš to matome, kad Trys Dievo Trejybės Asmenys buvo kartu. Kaip minėjau, kartais Trys Asmenys veikia kaip vienas, bet iš tiesų jie atlieka atskirus vaidmenis, kad apvaizdos numatytas žmonijos ugdymas būtų baigtas nuo žmogaus sukūrimo iki išgelbėjimo. Kokius vaidmenis atlieka kiekvienas Trejybės Asmuo?

## Jėzus Sūnus atveria išgelbėjimo kelią

Sūnaus Jėzaus vaidmuo tapti Gelbėtoju ir atverti išgelbėjimo kelią nusidėjėliams. Nuo to laiko, kai Adomas nepakluso ir valgė

Dievo uždrausto vaisiaus, nuodėmė įėjo į žmones, ir šiems reikia išgelbėjimo.

Jie buvo pasmerkti amžinajai mirčiai, pragaro ugniai, pagal dvasinės karalystės įstatymą bylojantį, kad atpildas už nuodėmę mirtis. Tačiau Jėzus, Dievo Sūnus, prisiėmė mirties bausmę už nusidėjėlius, kad šie nepakliūtų į pragarą.

Kodėl Jėzus Sūnus turėjo tapti visos žmonijos Gelbėtoju? Kaip visos valstybės turi savo įstatymus, taip ir dvasinė karalystė turi savo įstatymus, todėl ne bet kas galėjo tapti Gelbėtoju. Išgelbėjimo kelią galėjo atverti tik Tas, kuris atitinka visus reikalavimus. Kokie tie reikalavimai, kuriuos turi atitikti Gelbėtojas, kad atvertų išgelbėjimo kelią žmonijai, kuri buvo pasmerkta už savo nuodėmes?

Visų pirma, Gelbėtojas turi būti žmogus. Pirmame laiške korintiečiams 15, 21 parašyta: „Kaip per žmogų atsirado mirtis, taip per žmogų ir mirusiųjų prisikėlimas." Mirtis atsirado per žmogaus Adomo nepaklusnumą, todėl išgelbėjimas taip pat turi ateiti per žmogų kaip Adomas.

Antra, Gelbėtojas turi būti ne Adomo palikuonis. Visi Adomo palikuonys yra nusidėjėliai, gimę su pirmaprade nuodėme, paveldėta iš protėvių. Nė vienas Adomo palikuonis negali tapti Gelbėtoju. Bet Jėzus buvo pradėtas iš Šventosios Dvasios, Jis ne Adomo palikuonis. Jis neturi pirmapradės nuodėmės, paveldėtos iš tėvų (Evangelija pagal Matą 1, 18-21).

Trečia, Gelbėtojas turi turėti galią, kad atpirktų nusidėjėlius iš priešo velnio, o dvasinė galia yra nuodėmės neturėjimas. Jis turi neturėti pirmapradės nuodėmės ir nepadaryti jokios nuodėmės, visada paklusti Dievo žodžiui. Jis turi būti be jokios ydos ir dėmės.

Pagaliau, Gelbėtojas privalo turėti meilę. Atitinkantis pirmus tris reikalavimus asmuo nenumirtų už kitų žmonių nuodėmes, jeigu neturėtų meilės, ir žmonija niekada nebūtų išgelbėta. Gelbėtojas turi turėti meilę, kad priimtų mirties bausmę už nusidėjusią žmoniją.

Filmas „Kristaus kančia" labai gerai parodė Jėzaus kančias. Jėzus buvo nuplaktas, ir Jo kūnas buvo atvira žaizda. Jo rankos ir kojos buvo prikaltos, o ant galvos uždėtas erškėčių vainikas. Jis kabojo ant kryžiaus ir, kai pagaliau iškvėpė paskutinį atodūsį, Jam buvo perdurtas šonas ir išlietas visas Jo kraujas ir vanduo. Jis priėmė visas šias kančias, kad atpirktų mus iš visų mūsų nusikaltimų, nuodėmių, ligų ir silpnybių.

Po Adomo nuopuolio nė vienas žmogus neatitiko visų keturių reikalavimų. Pirmiausia, Adomo palikuonys paveldi pirmapradę nuodėmę, kitaip tariant, nuodėmingą prigimtį iš savo protėvių, ateidami į šį pasaulį. Nėra nė vieno žmogaus, gyvenusio tik pagal Dievo įstatymą ir nė karto nenusidėjusio. Žmogus, turintis didžiulę skolą negali sumokėti kitų žmonių skolų. Lygiai taip pat nusidėjėliai, turintys pirmapradę nuodėmę ir nusidedantys, negali išgelbėti kitų nusidėjusių žmonių. Dėl šios priežasties Dievas paruošė slėpinį, paslėptą prieš amžių pradžią – Jėzų Dievo Sūnų.

Jėzus atitiko visus Gelbėtojo reikalavimus. Jis gimė šioje žemėje su žmogaus kūnu, bet nebuvo pradėtas vyro spermatozoido ir moters kiaušinėlio susijungimu. Mergelė Marija nešiojo kūdikį, prasidėjusį iš Šventosios Dvasios. Todėl Jėzus nebuvo Adomo palikuonis ir neturėjo pirmapradės nuodėmės. Visą savo gyvenimą Jis tobulai pakluso Įstatymui ir nepadarė nė vienos nuodėmės.

Tobulai atitinkantis reikalavimus Jėzus buvo nukryžiuotas Jis su pasiaukojimu mylėjo nusidėjėlius. Žmonėms atsivėrė kelias į nuodėmių atleidimą per Jo kraują. Jeigu Jėzus nebūtų tapęs Gelbėtoju, visi žmonės po Adomo būtų patekę pragaran, ir žmonijos ugdymo tikslas nebūtų pasiektas. Tai reiškia, kad niekas nebūtų įžengęs į dangaus karalystę, ir Dievas nebūtų įgijęs ištikimų vaikų.

Todėl Dievas paruošė Jėzų Sūnų Gelbėtojo vaidmeniui, kad pasiektų žmonijos ugdymo tikslą. Kiekvienas tikintis į Jėzų, kuris numirė ant kryžiaus už mus, būdamas be nuodėmės, gauna nuodėmių atleidimą ir teisę tapti Dievo vaiku.

### Šventoji Dvasia užbaigia išgelbėjimą

Šventosios Dvasios darbas yra užbaigti išgelbėjimą, kurį žmonės gauna per Jėzų Sūnų. Ji kaip motina, globojanti ir auginanti naujagimį. Šventoji dvasia pasėja tikėjimą širdyse tų žmonių, kurie priima Viešpatį, ir veda juos į dangaus karalystę. Ji pasidalina į nesuskaitomą daugybę dvasių savo tarnavime. Šventosios Dvasios esybė yra vienoje vietoje, bet daugybė nuo jos atsiskyrusių dvasių atlieka tarnystę vienu metu visame pasaulyje su ta pačia širdimi ir galia.

Žinoma, Tėvas ir Sūnus gali pasidalinti į daugybę dvasių kaip ir Šventoji Dvasia. Evangelijoje pagal Matą 18, 20 Jėzus pasakė: „Kur du ar trys susirinkę mano vardu, ten ir aš esu tarp jų." Mes suprantame, kad Jėzus taip pat gali atskirti daugybę dvasių nuo savo asmens. Viešpats Jėzus negali būti su tikinčiaisiais asmeniškai visose vietose, kur šie susirenka Jo vardu. Tačiau Jo nuo savęs atskirtos dvasios būna visur su jais.

Šventoji Dvasia veda visus tikinčiuosius taip švelniai ir meiliai, kaip motina, globojanti savo kūdikį. Kai žmonės priima Viešpatį, dvasios, atskirtos nuo Šventosios Dvasios, ateina į jų širdis. Nesvarbu, kiek žmonių priima Viešpatį, Šventosios Dvasios atskirtos dvasios ateina ir apsigyvena visų jų širdyse. Tuomet sakome, kad jie gavo Šventąją Dvasią. Šventoji Dvasia gyvena tikinčiųjų širdyse ir padeda jiems įgyti dvasinį tikėjimą, kad jie būtų išgelbėti, ir ugdo jų tikėjimą iki pilnatvės kaip asmeninis mokytojas.

Ji padeda tikintiesiems uoliai studijuoti Dievo žodį, kad jų širdys keistųsi, ir jie dvasiškai augtų. Vadovaudamiesi Dievo žodžiu tikintieji turi paversti ūmų būdą romumu ir neapykantą meile. Jeigu jūs anksčiau pavydėjote kitiems, dabar turite džiaugtis jų sėkme tiesoje. Jeigu buvote išpuikę, dabar turite būti nuolankūs ir tarnauti kitiems.

Jeigu praeityje ieškojote sau naudos, dabar turite aukotis dėl kitų iki mirties. Darantiems jums pikta turite neatmokėti piktu, bet sujaudinti jų širdis gerumu.

### Negesinkite Dvasios

Jeigu jūs priėmėte Viešpatį ir esate tikintys kelerius metus, bet gyvenate netiesoje kaip netikintieji, Šventoji Dvasia, gyvenanti jumyse, labai dejuoja. Jeigu susierziname, kai nekaltai kenčiame, arba teisiame ir smerkiame savo brolius Kristuje, atidengdami jų nuodėmes, negalėsime pakelti galvos prieš Viešpatį, kuris numirė už mūsų nuodėmes.

Tarkime, jūs tapote bažnyčios diakonu arba vyresniuoju, bet nesutariate su kitais ir apsunkinate jiems gyvenimą, arba suklupdote juos savo teisuoliškumu. Tuomet jumyse gyvenanti Šventoji Dvasia labai liūdi. Priėmę Viešpatį ir atgimę iš naujo turime stengtis atmesti visas nedorybes ir nuodėmes bei stiprinti savo tikėjimą kiekvieną dieną.

Jeigu priėmę Viešpatį jūs toliau gyvenate pasaulio nuodėmėse ir darote nuodėmes, vedančias į mirtį, Šventoji Dvasia, gyvenanti jumyse, galiausiai paliks jus, ir jūsų vardas bus ištrintas iš gyvenimo knygos. Išėjimo knyga 32, 33 sako: „VIEŠPATS tarė Mozei: 'Tą, kuris nusidėjo man, tik tą ištrinsiu iš savo knygos.'" Apreiškime Jonui 3, 5 parašyta: „Nugalėtojas bus aprengtas baltais drabužiais, ir jo vardo neištrinsiu iš gyvenimo knygos. Aš išpažinsiu jo vardą savo Tėvo ir jo angelų akivaizdoje." Šios eilutės sako, kad net gavus Šventąją Dvasią mūsų vardai, įrašyti gyvenimo knygoje, gali būti ir ištrinti iš jos.

Šventasis Raštas sako: „Negesinkite Dvasios!" (Pirmas laiškas tesalonikiečiams 5, 19) Kaip parašyta, net jeigu esate išgelbėti ir gavote Šventąją Dvasią, bet negyvenate tiesoje, Šventoji Dvasia bus užgesinta.

Šventoji Dvasia gyvena kiekvieno tikinčiojo širdyje ir veda jį, nuolat apšviesdama tiesa ir ragindama gyventi pagal Dievo valią, kad tikintysis neprarastų išgelbėjimo. Mokydama mus apie nuodėmę ir teisumą Ji apreiškia mums, kad Dievas yra Kūrėjas, o Jėzus Kristus yra mūsų Gelbėtojas; kad yra dangus ir pragaras bei bus Paskutinysis teismas.

Šventoji Dvasia užtaria mus prieš Dievą Tėvą, kaip parašyta Laiške romiečiams 8, 26: „O ir Dvasia ateina pagalbon mūsų silpnumui. Mes juk nežinome, ko turėtume deramai melsti, todėl pati Dvasia užtaria mus neišsakomais atodūsiais." Ji rauda, kai Dievo vaikai daro nuodėmes, ir padeda jiems atgailauti bei palikti nuodėmingus kelius.

Ji įkvepia juos ir suteikia Šventosios Dvasios pilnatvę bei duoda įvairių dovanų, kad šie atmestų visas nuodėmes ir patirtų Dievo darbus. Mes, Dievo vaikai, turime prašyti šių Šventosios Dvasios darbų ir ilgėtis gilesnių dalykų.

### Dievas Tėvas, žmonijos ugdymo vadovas

Dievas Tėvas yra suplanuoto didžiojo žmonijos ugdymo vadovas. Jis Kūrėjas, Valdovas ir Teisėjas paskutiniąją dieną. Dievas Sūnus, Jėzus Kristus, atvėrė išgelbėjimo kelią nusidėjusiems žmonėms. Dievas Šventoji Dvasia veda išgelbėtuosius į tikrą tikėjimą ir išganymo pilnatvę. Kitaip tariant, Šventoji Dvasia užbaigia išgelbėjimą, suteiktą visiems tikintiesiems. Kiekviena Trijų Dievo Asmenų tarnystė veikia kaip viena galia ugdanti žmones, daranti juos ištikimais vaikais.

Tačiau kiekviena iš Jų tarnysčių yra griežtai atskirta pagal tvarką, nors Trys Asmenys veikia sutartinai vienu metu. Kai Jėzus atėjo į žemę, Jis tobulai įvykdė Tėvo valią, nepaisydamas savo valios. Šventoji Dvasia buvo su Jėzumi, padėdama Jam tarnauti nuo Jėzaus prasidėjimo Mergelės Marijos įsčiose. Kai Jėzus kabojo ant kryžiaus ir kentėjo skausmą, Tėvas ir Šventoji Dvasia jautė tą patį skausmą tuo pat metu.

Lygiai taip pat, kai Šventoji Dvasia dūsauja ir užtaria sielas, Viešpats ir Tėvas jaučia tą patį skausmą ir taip pat sielojasi. Trys Dievo Trejybės Asmenys viską daro vieno širdimi ir valia, kiekvieną akimirką jausdami tas pačias emocijas kiekvieno Asmens tarnystėje. Trumpai tariant, Trys Asmenys daro viską kaip Trys Viename.

## Triasmenis Dievas atliko apvaizdos numatytą išganymą

Trys Dievo Asmenys atlieka apvaizdos numatytą žmonijos ugdymą kaip Trys Viename. Jono pirmame laiške 5, 8 pasakyta: „Dvasia, vanduo ir kraujas, ir šie trys sutaria." Vanduo čia simbolizuoja Dievo tėvo, kuris yra Žodis, tarnystę. Kraujas reiškia Viešpaties, kuris praliejo kraują ant kryžiaus, tarnystę. Dievas trejybė atlieka tarnystę kaip Dvasia, Vanduo ir Kraujas, kurie sutaria, liudydami, kad tikintys vaikai yra išgelbėti. Turime aiškiai suprasti kiekvieną Dievo Trejybės tarnystę ir nepalinkti tik į vieną Trejybės Asmenį. Tik tuomet, kai priimame ir tikime Tris Dievo Trejybės Asmenis, esame išgelbėti tikėjimu į Dievą ir galime sakyti, kad pažįstame Dievą. Meldžiamės Jėzaus Kristaus vardu, bet Tėvas Dievas atsako mums, o Šventoji Dvasia padeda mums priimti atsakymą.

Evangelijoje pagal Matą 28, 19 Jėzus sako: „Tad eikite ir padarykite mano mokiniais visų tautų žmones, krikštydami juos vardan Tėvo ir Sūnaus, ir Šventosios Dvasios," ir apaštalas Paulius laimina tikinčiuosius Trejybės vardu Antrame laiške korintiečiams 13, 13: „Viešpaties Jėzaus Kristaus malonė, Dievo meilė ir Šventosios Dvasios bendrystė tebūna su jumis visais!" Štai kodėl sekmadienio ryto pamaldose suteikiamas palaiminimas, kad Dievo vaikai gautų Gelbėtojo ir Viešpaties Jėzaus Kristaus malonę, Dievo Tėvo meilę ir Šventosios Dvasios įkvėpimą bei pilnatvę.

### Triasmenio Dievo ir Šventosios Dvasios darbų neigimas

Kai kurie žmonės neigia Trejybę, pavyzdžiui, Jehovos liudytojai. Jie nepripažįsta Jėzaus Kristaus dieviškumo. Jie nepripažįsta ir Šventosios Dvasios individualios asmenybės, todėl jie laikomi klaidatikiais.

Biblija sako, kad išsiginantys Jėzaus Kristaus užsitraukia greitą žlugimą ir yra eretikai (Petro antras laiškas 2, 1). Išoriškai jie atrodo kaip praktikuojantys krikščionybę, bet nesilaiko Dievo valios. Jie neturi nieko bendra su išgelbėjimu, ir mes, tikintieji, turime nesiduoti apgaunami.

Be šių klaidatikių kai kurios bažnyčios neigia Šventosios Dvasios darbus, nors išpažįsta tikėjimą į Trejybę. Biblija mini įvairias Šventosios Dvasios dovanas, pavyzdžiui: kalbėjimą kalbomis, parnašavimą, dievišką išgydymą, apreiškimus ir regėjimus, bet yra laikančių šiuos Šventosios Dvasios darbus blogybėmis ir kovojančių su jais, nors jie sako, kad tiki į Dievą. Jie dažnai smerkia bažnyčias, kuriose veikia Šventosios Dvasios dovanos, ir vadina jas eretiškomis. Tai tiesiogiai įžeidžia Dievo valią, jie daro neatleidžiamą piktžodžiavimo nuodėmę, šmeižia Šventąją Dvasią ir priešinasi Jai. Darydami šias nuodėmes jie negauna atgailos dvasios ir negali atgailauti.

Jeigu jie šmeižia ir smerkia Dievo tarną arba bažnyčią, per kuriuos vyksta Šventosios Dvasios darbai, jie smerkia Dievą Trejybę ir elgiasi kaip priešai, sukylantys prieš Dievą. Gavę išgelbėjimą ir Šventąją Dvasią Dievo vaikai turi ne vengti Šventosios Dvasios darbų, bet, priešingai, trokšti jų. Ypatingai pastoriai turi ne tik patirti Šventosios Dvasios darbus, bet daryti juos, kad jų kaimenės turėtų gyvenimo apstybę.

Pirmas laiškas korintiečiams 4, 20 sako: „Dievo karalystė yra ne kalboje, bet galybėje." Jeigu pastoriai moko savo kaimenes tik žmonių išminties ir ceremonijų, tai reiškia, kad akli veda aklus. Pastorius turi mokyti savo kaimenę tiesos ir parodyti gyvąjį Dievą, darydamas Šventosios Dvasios darbus.

Mūsų laikai vadinami Šventosios Dvasios era. Šventosios

Dvasios vedami mes gauname gausių palaiminimų ir malonių iš Dievo Trejybės, kuris ugdo žmones. Evangelijoje pagal Joną 14, 16-17 parašyta: „Aš paprašysiu Tėvą, ir jis duos jums kitą Globėją, kuris liktų su jumis per amžius, Tiesos Dvasią, kurios pasaulis neįstengia priimti, nes jos nemato ir nepažįsta. O jūs ją pažįstate, nes ji yra pas jus ir bus jumyse."

Kai Viešpats atliko žmonijos išgelbėjimo tarnystę, prisikėlė ir įžengė į dangų, Šventoji Dvasia užėmė Viešpaties vietą žmonijos ugdymo tarnystėje. Šventoji Dvasia yra su visais tikinčiaisiais, kurie priima Viešpatį, ir veda juos į tiesą, gyvendama kiekvieno iš jų širdyje.

Šiandien, nuodėmėms ir tamsai gaubiant pasaulį, Dievas pasirodo nuoširdžiai ieškantiems Jo ir veikia per Šventosios Dvasios ugningus darbus. Viliuosi, kad tapsite tikrais Dievo vaikais Tėvo, Sūnaus ir Šventosios Dvasios darbuose, gausite viską, ko prašote maldoje ir pasieksite išgelbėjimo pilnatvę.

*Biblijos pavyzdžiai 1*

Įvykiai po atrojo dangaus vartų atvėrimo į pirmąjį dangų.

Pirmasis dangus yra fizinė erdvė, kurioje gyvename.

Antrasis dangus yra šviesos erdvė, Edenas, ir tamsos sritis.

Trečiasis dangus yra dangaus karalystė, kurioje gyvensime amžinai.

Ketvirtais dangus yra gyvojo Dievo erdvė, skirta tik Dievui Trejybei.

Šie dangūs yra griežtai atskirti, bet visos erdvės yra gretimos viena kitai.

Kai reikia, antrojo dangaus vartai atsiveria į pirmąjį dangų, kuriame gyvename.

Kartais ir trečiojo bei ketvirtojo dangaus erdvės gali atsiverti.

Daug antrojo dangaus įvykių įvyko pirmajame danguje.

Kai antrojo dangaus vartai atsiveria ir daiktai iš Edeno sodo patenka į pirmojo dangaus erdvę, pirmojo dangaus gyventojai gali pamatyti ir paliesti tuos daiktus.

# Ugnies bausmė Sodomai ir Gomorai

Pradžios knyga 19, 24 sako: „Tuomet VIEŠPATS liejo ant Sodomos ir Gomoros sierą ir ugnį." Čia Dievas atvėrė antrojo dangaus erdvės vartus ir liejo iš jo sierą ir ugnį. Tas pats įvyko ant Karmelio kalno, kai Elijas stojo prieš 850 pagonių dievų kunigų ir po jo maldos nužengė ugnis iš dangaus. Karalių pirmoje knygoje 18, 37-38 parašyta: „'Atsiliepk man, VIEŠPATIE! Atsiliepk man, kad ši tauta žinotų, jog tu, VIEŠPATIE, esi Dievas, jog tu vėl susigrąžini jų širdis.' Tada nužengė VIEŠPATIES ugnis ir sudegino deginamąją auką, malkas, akmenis ir žemes. Ji sugėrė ir griovyje buvusį vandenį." Antrojo dangaus ugnis gali sudeginti pirmojo dangaus daiktus.

## Žvaigždė, kuri vedė tris išminčius

Evangelijoje pagal Matą 2, 9 parašyta: „Išklausę karaliaus, išminčiai leidosi kelionėn. Ir štai žvaigždė, kurią jie buvo matę užtekant, traukė pirma, kol sustojo ties ta vieta, kur buvo kūdikis." Antrojo dangaus žvaigždė sušvito pirmajame ir rodė kelią. Išminčiams pasiekus kelionės tikslą, žvaigždė sustojo.

Jeigu ši žvaigždė būtų pirmojo dangaus, ji būtų padariusi didžiulį poveikį visatai, nes visos žvaigždės pirmajame danguje juda savo keliu labai tvarkingai. Galime padaryti išvadą, kad žvaigždė, vedusi tris išminčius, buvo ne iš pirmojo dangaus.

Dievas vedė žvaigždę antrajame danguje, kad nepadarytų įtakos pirmojo dangaus visatai. Dievas atvėrė antrojo dangaus erdvę, kad išminčiai pamatytų šią žvaigždę.

## Mana, duota izraelitams

Išėjimo knygoje 16, 4 parašyta: „Tada VIEŠPATS tarė Mozei: 'Sakau tau, aš lysiu jums duona iš dangaus. Kasdien žmonės teeina ir tepasirenka tik tiek, kiek pakaktų vienai dienai, kad išbandyčiau, ar jie laikosi mano įsakymo ar ne.'"

Kai Jis ir pasakė „lysiu jums duona iš dangaus", Dievas davė maną Izraelio sūnums, klaidžiojusiems dykumoje 40 metų. Mana buvo kaip kalendros sėklos, atrodančios kaip sakai. Jų skonis buvo kaip paplotėlių, keptų su aliejumi. Kaip minėjau, Biblijoje aprašyta daug dalykų, kurie įvyko antrojo dangaus erdvės vartams atsivėrus į pirmąjį dangų.

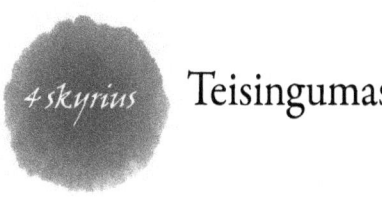

# 4 skyrius — Teisingumas

> Galime išspręsti bet kokią problemą ir gauti palaiminimus bei atsakymus į maldas, kai teisingai suprantame Dievo teisingumą ir elgiamės pagal jį.

Dievo teisingumas

Dievas neklysdamas laikosi savo teisingumo

Elgesys pagal Dievo teisingumo taisykles

Dvi teisingumo pusės

Aukštesnės teisingumo dimensijos

Tikėjimas ir paklusnumas – pagrindinės teisingumo taisyklės

*„Tavo dorumą jis nušvies kaip dienos šviesą,
o tavo teisingumą padarys kaip vidudienį."*

(Psalmynas 37, 6)

Kai kurios problemos neišsprendžiamos jokiais žmogiškais būdais, bet jos dingsta akimirksniu, jeigu Dievas imasi jų. Pradinės mokykloms mokiniams neįveikiami matematikos uždaviniai kolegijos studentams labai lengvi. Dievui tuo labiau nieko nėra neįmanomo, nes Jis visų dangų Valdovas.

Norėdami patirti visagalio Dievo galybę, turime laikytis principų, kurie leidžia gauti atsakymus iš Dievo. Galime išspręsti bet kokią problemą ir gauti palaiminimus bei atsakymus į maldas, kai teisingai suprantame Dievo teisingumą ir elgiamės pagal jį.

## Dievo teisingumas

Teisingumas reiškia tikslų Dievo nustatytų taisyklių laikymąsi. Paprasčiau tariant, tai priežasties ir pasekmės principas. Konkrečios priežastys sukelia konkrečias pasekmes.

Net netikintieji sako: ką pasėsi, tą ir pjausi. Korėjiečių patarlė byloja: „Pjausi pupas, kur pasėjai pupas, ir raudonas pupeles, kur pasėjai raudonas pupeles." Teisingumo taisyklės daug griežtesnė Dievo tiesoje.

Biblija sako: „Prašykite, ir jums bus duota, ieškokite, ir rasite, belskite, ir bus jums atidaryta" (Evangelija pagal Matą 7, 7). „Neapsigaukite! Dievas nesiduoda išjuokiamas. Ką žmogus sėja, tai ir pjaus" (Laiškas galatams 6, 7). „Argi ne taip: kas šykščiai sėja, šykščiai ir pjaus, o kas dosniai sėja, dosniai ir pjaus" (Antras laiškas korintiečiams 9, 6). Tai tik keli teisingumo taisyklių

pavyzdžiai. Nuodėmė turi pasekmes. Laiške romiečiams 6, 23 parašyta: „Atpildas už nuodėmę mirtis, o Dievo malonės dovana amžinasis gyvenimas mūsų Viešpatyje Kristuje Jėzuj." Patarlių knyga 16, 18 sako: „Puikybė apima prieš žūtį, įžūlumas prieš nesėkmę." Jokūbo laiške 1, 15 parašyta: „Paskui įsiliepsnojęs geismas pagimdo nuodėmę, o subrandinta nuodėmė gimdo mirtį."
Be šių taisyklių yra ir kitų, kurių netikintieji negali suprasti. Pavyzdžiui, Evangelija pagal Matą 23, 11 sako: „Kas iš jūsų didesnis, tebūnie jums tarnas." Evangelijoje pagal Matą 10, 39 parašyta: „Kas išsaugo savo gyvybę, praras ją, o kas praranda savo gyvybę dėl manęs, atras ją." Apaštalų darbuose 20, 35 pasakyta: „Palaimingiau duoti negu imti." Nesuprasdami šių taisyklių netikintieji mano, kad jos klaidingos.

Tačiau Dievo žodis niekada neklysta ir nesikeičia. Pasaulio tiesa kinta, laikui bėgant, bet Dievo žodžiai, užrašyti Biblijoje, teisingumo taisyklės, išlieka tokios pat, kokios buvo užrašytos.

Todėl, jeigu teisingai suprasime Dievo teisingumą, atrasime bet kokios problemos priežastis ir išspręsime ją. Panašiai galime gauti ir tai, ko trokšta mūsų širdis. Biblija paaiškina ligų, finansinių problemų ir taikos nebuvimo šeimoje priežastis bei pasako, kodėl mes prarandame Dievo malonę ir suklumpame.

Jeigu suprantame teisingumo taisykles, užrašytas Biblijoje, žinome, kaip gauti palaiminimus ir atsakymus į maldas. Dievas ištikimai laikosi savo nustatytų taisyklių, todėl elgdamiesi pagal jas tikrai gausime palaiminimus ir problemų sprendimus.

## Dievas neklysdamas laikosi savo teisingumo

Dievas yra visų dalykų Kūrėjas bei Valdovas ir niekada nepažeidžia teisingumo taisyklių. Jis niekada nesako: „Aš nustačiau šias taisykles, bet man nereikia jų laikytis." Jis visada laikosi teisingumo ir niekada neklysta.

Dievo Sūnus Jėzus atėjo į šią žemę ir numirė ant kryžiaus, kad atpirktų mus iš nuodėmių pagal teisingumo taisykles.

Galite paklausti: „Ar negali Dievas tiesiog sunaikinti velnio ir išgelbėti visų?" Jis niekada to nepadarys. Jis nustatė teisingumo taisykles, pradžioje kurdamas žmonijos ugdymo planą, ir laikosi jų. Todėl Jis atnešė didžiulę auką – atidavė savo viengimį Sūnų, kad atvertų mums išgelbėjimo kelią.

Todėl mes nebūsime išgelbėti ir nenueisime į dangų, vien sakydami: „Aš tikiu!" ir lankydami bažnyčią. Turime laikytis Dievo nustatytų išgelbėjimo reikalavimų. Turime tikėti į Jėzų Kristų kaip savo asmeninį Gelbėtoją ir paklusti Dievo žodžiui, gyvendami pagal teisingumo taisykles.

Biblija daugelyje vietų kalba apie Dievo teisingumą. Dievas vykdo viską pagal dvasinės karalystės įstatymą. Jeigu suprasime šį teisingumą, labai lengvai išspręsime savo nuodėmių problemas. Taip pat mums bus lengviau gauti palaiminimus ir atsakymus į maldas. Pavyzdžiui, ką jūs turite daryti, kad gautumėte, ko trokšta jūsų širdis? Psalmyne 37, 4 parašyta: „Džiaukis iš širdies VIEŠPAČIU, ir jis suteiks tau, ko trokšta tavo širdis." Norėdami tikrai džiaugtis Dievu, jūs pirma turite patikti Dievui. Biblija pasakoja apie daug būdų, kuriais galime patikti Dievui.

Laiškas hebrajams 11, 6 sako: „Juk be tikėjimo neįmanoma patikti Dievui." Mes tiek patinkame Dievui, kiek tikime Jo žodžiu, atmetame nuodėmes ir tampame pašventinti. Taip pat galime patikti Dievui savo pastangomis ir aukomis kaip karalius Saliamonas, kuris atnašavo tūkstantį aukų. Galime dirbti savanoriškus darbus Dievo karalystei ir patikti Dievui daugybe kitų būdų.

Turime suprasti, kad Biblijos skaitymas ir pamokslų klausymas yra vienas ir teisingumo taisyklių pažinimo būdų. Jeigu laikomės šių taisyklių ir patinkame Dievui, gauname, ko trokšta mūsų širdis, ir atnešame garbę Dievui.

### Elgesys pagal Dievo teisingumo taisykles

Kai priėmęs Viešpatį aš supratau Dievo teisingumą, pasidarė labai malonu gyventi tikėjimu. Elgiausi pagal teisingumo taisykles, patyriau Dievo meilę ir finansinius palaiminimus.

Taip pat Dievas sako, kad apsaugos mus nuo ligų ir nelaimių, jeigu gyvensime Dievo žodžiu. Aš ir mano šeimos nariai gyvename tik tikėjimu ir visi esame tokie sveiki, kad nė karto nebuvome ligoninėje ir negėrėme jokių vaistų po to, kai aš priėmiau Viešpatį.

Aš tikėjau Dievo teisingumu, leidžiančiu pjauti, ką pasėjame, todėl su džiugiai aukojau Dievui, nors gyvenau neturtingai. Kai kas sako: „Aš toks vargšas, kad negaliu nieko paaukoti Dievui". Tačiau aš aukojau dar uoliau todėl, kad buvau vargšas.

Antrame laiške korintiečiams 9, 7 parašyta: „Kiekvienas tegul aukoja, kaip yra širdyje nutaręs, ne gailėdamas ar tarsi verčiamas, nes Dievas myli linksmą davėją." Niekada neateinu pas Dievą tuščiomis rankomis.

Man visada patiko aukoti Dievui su dėkingumu, nors turėjau nedaug, ir greitai sukaukiau finansinių palaiminimų. Aukojau su džiaugsmu, nes žinojau, kad Dievas atlygins man suspaustu ir sukratytu saiku 30, 60 arba 100 kartų daugiau, kai aukoju Dievo karalystei su tikėjimu.

Tai leido man grąžinti didžiulę skolą, kuri susikaupė per septynerius metus, man gulint ligos patale, ir iki šiol esu taip palaimintas, kad man nieko nestinga.

Taip pat, žinojau teisingumo įstatymą, kad Dievas duoda savo galią tiems, kurie yra laisvi nuo pikto ir pašventinti, todėl ryžtingai atmečiau savo nedorybes, karštai melsdamasis bei pasninkaudamas ir galiausiai gavau Dievo galios.

Šiandien pasireiškia nuostabi Dievo galia, nes pasiekiau meilės ir teisingumo lygį, kurio Dievas iš manęs reikalavo, per daug sunkumų ir išmėginimų, kuriuos kantriai ištvėriau. Dievas nedavė man savo galios besąlygiškai. Jis suteikė ją man pagal teisingumo taisykles. Todėl priešas velnias ir šėtonas negali tam prieštarauti.

Be to, aš tikėjau ir vadovavausi visais Biblijos žodžiais, todėl patyriau visus stebuklingus darbus ir palaiminimus, užrašytus Biblijoje.

Ir šie darbai vyksta ne tik man. Visi, kas supranta Dievo teisingumo taisykles, užrašytas Biblijoje, ir elgiasi pagal jas, gali gauti tuos pačius palaiminimus, kuriuos aš gavau.

## Dvi teisingumo pusės

Paprastai žmonės mano, kad teisingumas baisus, lydymas bausmių. Žinoma, pagal teisingumą baugios bausmės lydi nuodėmes ir nedorybes, bet kita vertus, teisingumas garantuoja mums ir palaiminimus.

Teisingumas yra kaip moneta, turinti dvi puses. Tiems, kas gyvena tamsoje, teisingumas baisus, bet gyvenantiems Šviesoje, jis labai geras. Virtuvinis peilis plėšiko rankose gali tapti žmogžudystės įrankiu, bet motinos rankose tai maisto ruošimo įrankis, padedantis pagaminti gardžių valgių šeimai.

Priklausomai nuo vienos iš dviejų Dievo teisingumo pusių taikymo, jis gali būti labai baisus arba labai džiuginantis. Jeigu suprantame dvi teisingumo puses, žinome, kad jis vykdomas su meile, o Dievo meilė kupina tobulo teisingumo. Meilė be teisingumo netikra, it teisingumas be meilės netikras.

Pavyzdžiui, kas bus, jei kiekvieną kartą griežtai bausite savo vaikus, kai jie padarys ką nors ne taip? Ir kas bus, jeigu niekada jų nebausite? Abiem atvejais jūs atitolinsite vaikus nuo savęs.

Pagal teisingumą kartais reikia griežtai nubausti vaikus už jų blogus darbus, bet negalima visą laiką rodyti jiems „teisingumo". Kartais reikia duoti jiems progą pasitaisyti, ir jeigu jie palieka blogus kelius, būtina su meile atleisti jiems ir parodyti gailestingumą. Tačiau negalima rodyti tik meilę ir gailestingumą visą laiką. Turite nukreipti savo vaikus į teisingą kelią per bausmę, kai to reikia.

Dievas kalba mums apie neturintį ribų atleidimą Evangelijoje pagal Matą 18, 22: „Aš nesakau tau iki septynių, bet iki septyniasdešimt septynių kartų."

Tačiau tuo pat metu Dievas sako, kad tikra meilė kartais lydima bausmės. Laiške hebrajams 12, 6 parašyta: „Nes Dievas griežtai auklėja, ką myli, ir plaka kiekvieną sūnų, kurį priglaudžia." Kai suprantame ryšį tarp meilės ir teisingumo, žinome, kad teisingumas tobulas meilėje, ir, apmąstydami teisingumą, suprantame, kad teisingume slypi gili meilė.

### Aukštesnės teisingumo dimensijos

Teisingumas yra skirtingų dimensijų skirtinguose danguose. Einant iš pirmojo dangaus į antrąjį, trečiąjį ir ketvirtąjį, teisingumo dimensija platėja ir gilėja. Skirtinguose danguose viešpatauja atitinkamo teisingumo lygio tvarka.

Teisingumo dimensija kiekviename danguje kitokia todėl, kad meilės dimensija kiekviename danguje skirtinga. Meilė ir teisingumas neatskiriami. Kuo gilesnė meilės dimensija, tuo gilesnė ir teisingumo dimensija.

Skaitant Bibliją, kai kam gali atrodyti, kad teisingumas Senajame ir Naujajame Testamentuose yra nevienodas. Pavyzdžiui, Senasis Testamentas sako: „Akis už akį" – tai atkeršijimo principas, tuo tarpu Naujasis Testamentas ragina: „Mylėkite savo priešus." Keršto principas pavirto atleidimo ir meilės principu. Ar tai reiškia, kad Dievo valia pasikeitė?

Ne, nieko panašaus. Dievas yra amžina nesikeičianti dvasia, Dievo širdis Senajame ir Naujajame Testamentuose yra ta pati. Žmonės susilaukia teisingumo, kuris atitinka jų pasiektą meilės lygį. Iki Jėzaus atėjimo į šią žemę ir Įstatymo įvykdymo meile, žmonėms suprantamas meilės lygis buvo labai žemas.

Jeigu jiems būtų liepta mylėti savo priešus, o tai labai aukštas teisingumo lygis, jie būtų to nepakėlę. Todėl Senajame Testamente buvo taikoma žemesnio lygio teisingumo taisyklė „akis už akį" tvarkai palaikyti.

Tačiau paskui, kai Jėzus meile įvykdė Įstatymą, ateidamas į šią žemę ir atiduodamas savo gyvybę už mus, nusidėjėlius, Dievas pakėlė teisingumo lygį žmonėms.

Jėzaus pavyzdys parodė mums aukščiausio lygio meilę,

meilę savo priešams, todėl keršto principas „akis už akį" jau nebetaikytinas. Dabar Dievas reikalauja iš mūsų aukštesnio teisingumo lygio, kuriame taikomos atleidimo ir pasigailėjimo taisyklės. Žinoma, Dievas ir Senojo Testamento laikais troško atleidimo ir pasigailėjimo, bet žmonės tada negalėjo to suprasti.

Kaip meilės ir teisingumo dimensijos skiriasi Senajame ir Naujajame Testamentuose, taip teisingumo dimensija yra skirtinga priklausomai nuo meilės dimensijos ir kiekviename danguje. Pavyzdžiui, sugavę moterį svetimaujant žmonės, kurie elgėsi pagal žemesnį pirmojo dangaus teisingumo lygį, sakė, kad turi užmušti ją akmenimis. Tačiau Jėzus, vadovaudamasis aukščiausiu ketvirtojo dangaus teisingumo lygiu, jai pasakė: „Nė aš tavęs nepasmerksiu. Eik ir daugiau nuodėmių nebedaryk" (Evangelija pagal Joną 8, 11).

Teisingumas yra mūsų širdyje, ir kiekvienas žmogus jaučia skirtingą teisingumo dimensiją pagal širdyje išsiugdytą meilę ir dvasingumą. Kartais jaučiantieji žemesnę teisingumo dimensiją negali suprasti žmonių su aukštesne teisingumo dimensija.

Kūniški žmonės niekada iki galo nesupras Dievo darbų. Tik išsiugdžiusieji savo širdyje meilę ir dvasinį protą gali teisingai suprasti ir taikyti Dievo teisingumą.

Tačiau aukštesnės teisingumo dimensijos taikymas nereiškia, kad ji nepaiso žemesnės dimensijos teisingumo. Jėzus vykdė ketvirtojo dangaus teisingumą, bet niekada neignoravo šio pasaulio teisingumo. Kitaip tariant, Jis rodė trečiojo dangaus ir aukštesnį teisingumą šioje žemėje šio pasaulio teisingumo taisyklių ribose.

Lygiai taip pat mes negalime nepaisyti teisingumo, taikomo pirmajame danguje, gyvendami jame. Žinoma, mūsų meilės dimensijai gilėjant, teisingumo plotis ir gylis taip pat didėja, bet pagrindinės ribos išlieka tos pačios. Todėl turime teisingai suprati teisingumo taisykles.

### Tikėjimas ir paklusnumas – pagrindinės teisingumo taisyklės

Kokios pagrindinės teisingumo ribos ir taisyklės, kurias turime suprasti ir vykdyti, kad gautume atsakymus į maldas? Jos įtraukia daug dalykų, pavyzdžiui, gerumą ir nuolankumą. Tačiau du pagrindiniai principai yra tikėjimas ir paklusnumas. Teisingumo taisyklė: mes gauname atsakymą, kai tikime Dievo žodžiu ir paklūstame jam.

Šimtininkas Evangelijos pagal Matą aštuntame skyriuje turėjo sergantį tarną. Jis buvo pasaulyje viešpataujančios Romos imperijos šimtininkas, bet pakankamai nuolankus ir atėjo pas Jėzų. Taip pat jis turėjo gerą širdį, nes asmeniškai atėjo pas Jėzų dėl savo sergančio tarno.

Tačiau svarbiausia priežastis, dėl kurios Jėzus įvykdė jo prašymą, buvo tikėjimas. Prieš nutardamas eiti pas Jį, jis turbūt girdėjo iš aplinkinių daug pasakojimų apie Jėzų: aklieji praregi, nebyliai prabyla ir daugybė ligonių pagyja, atėję pas Jėzų.

Išgirdęs šias naujienas šimtininkas patikėjo Jėzumi ir įgijo tikėjimą, kad jo tarnas pasveiks, jeigu jis nueis pas Jėzų.

Susitikęs su Jėzumi jis išpažino savo tikėjimą žodžiais: „Viešpatie, nesu vertas, kad užeitum po mano stogu, bet tik tark žodį, ir mano tarnas pasveiks" (Evangelija pagal Matą 8, 8). Jis ištarė šiuos žodžius todėl, kad visiškai patikėjo Jėzumi, išgirdęs naujienas apie Jį.

Norėdami įgyti tokį tikėjimą, visų pirma turime atgailauti už Dievo žodžio neklausymą. Jeigu nuvylėme Dievą savo elgesiu, nesilaikome Jam duoto pažado, nešvenčiame Viešpaties dienos ir neatnešame visų dešimtinių, turime už visa tai atgailauti.

Taip pat turime atgailauti už meilę pasauliui, nesantaiką su žmonėmis, nedorybių puoselėjimą ir nedorą elgesį, ūmumą, susierzinimą, nusivylimą, nuoskaudas, pavydą, įtarumą, kivirčijimąsi ir melavimą. Kai nugriauname šias nuodėmių sienas, ir galingas Dievo tarnas pasimeldžia už mus, gauname tikėjimą, kad mūsų maldos bus išklausytos, ir atsakymus į maldas, kai tikime pagal teisingumo taisykles.

Be šių reikalavimų yra daug kitų, kurių turime laikytis, kad mūsų maldos, būtų išklausytos pavyzdžiui: lankytis Dievo garbinimo tarnavimuose, nepaliaudami melstis ir aukoti Dievui. Norėdami tobulai paklusti, turime visiškai išsižadėti savęs.

Kitaip tariant, turime atsikratyti išdidumo, puikybės,

teisuoliškumo, savo nuomonės gynimo, visų savo minčių bei teorijų, gyvenimo puikybės ir troškimo pasikliauti pasauliu.

Visiškai nusižeminę ir išsigynę savęs gauname atsakymą pagal teisingumo įstatymą, užrašytą Evangelijoje pagal Luką 17, 33: „Kas stengsis išsaugoti savo gyvybę, tas ją pražudys, o kas ją pražudys, tas ją atgaivins."

Suprasti Dievo teisingumą ir paklusti jam reiškia pripažinti Dievą. Mes pripažįstame Dievą, todėl galime laikytis Jo nustatytų taisyklių. Tikėjimas yra Dievo pripažinimas, ir tikrą tikėjimą visada lydi paklusnumo darbai.

Jeigu suprantate, kad turite kokią nors nuodėmę, tikrindami save Dievo žodžiu, turite atgailauti ir palikti ją. Viliuosi, kad jūs visiškai pasitikėsite ir pasikliausite Dievu. Taip elgdamiesi jūs suprasite Dievo teisingumo taisykles vieną po kitos ir laikysitės jų, kad gautumėte atsakymus į maldas ir palaiminimus iš Dievo, kuris leidžia mums pjauti, ką pasėjame, ir atlygina pagal mūsų darbus.

Princesė Jane Mpologoma (Londonas, Jungtinė Karalystė)

# Iš kito pasaulio krašto

Aš gyvenu Birmingeme. Tai labai graži vieta. Esu pirmojo Bugandos karalystės prezidento duktė, ištekėjusi už švelnaus, gero vyro Jungtinėje Karalystėje ir turinti tris dukras.

Daug žmonių norėtų gyventi taip turtingai kaip mes, bet aš nebuvau laiminga. Visada jutau sielos troškulį, kurio niekas negalėjo numalšinti. Ilgą laiką sirgau chroniška virškinimo sistemos liga, kėlusia labai daug skausmo. Neturėjau apetito ir blogai miegojau.

Mane kamavo įvairios ligos, įskaitant aukštą cholesterolio lygį, širdies veiklos sutrikimą ir žemą kraujospūdį. Gydytojai įspėjo, kad man gresia infarktas arba insultas.

Tačiau 2005 metų rugpjūtį mano gyvenime įvyko lūžis. Atsitiktinai susitikau su vienu iš Manmin centrinės bažnyčios pastoriaus padėjėjų, kuris viešėjo Londone. Jis davė man knygų ir pamokslų garso įrašų, kurie giliai palietė mane.

Jie buvo pagrįsti Biblija, bet aš niekur nebuvau girdėjusi tokių gilių ir

Su vyru David'u

įkvepiančių pamokslų. Mano ištroškusi siela buvo pagirdyta. Dievo žodis atsivėrė mano dvasinėms akims.

Galiausiai nuvykau į Pietų Korėją. Tą akimirką, kai įžengiau į Manmin centrinę bažnyčią, ramybė apgaubė visą mano kūną. Pastorius Jaerock Lee pasimeldė už mane. Tik sugrįžusi į JK supratau Dievo meilę. Spalio 21 dieną atlikta endoskopija rodė, kad esu sveika. Cholesterolio lygis ir kraujospūdis buvo normalūs. Tai buvo galingos maldos rezultatai!

Ši patirtis sustiprino mano tikėjimą. Turėjau širdies ligų ir parašiau pastoriui Jaerock Lee, prašydama pasimelsti už mane. Jis meldėsi už mane viename iš penktadienio maldos susirinkimų, kurie trunka visą naktį, Manmin centrinėje bažnyčioje lapkričio 11 d. Girdėjau jo maldą internetu iš kito pasaulio krašto.

Jis meldėsi: „Jėzaus Kristaus vardu įsakau širdies ligoms pasitraukti. Tėve Dieve, padaryk ją sveiką!"

Pajutau galingą Šventosios Dvasios veikimą jo maldos metu. Būčiau parkritusi, jeigu mano vyras nebūtų laikęs manęs. Atgavau sąmonę maždaug po 30 sekundžių.

Lapkričio 16 dieną man padarė angiogramą. Gydytojas pasiūlė ją padaryti, nes viena mano širdies arterija buvo nesveika. Angiograma buvo daroma su maža kamera, pritvirtinta prie plono vamzdelio. Rezultatas buvo nuostabus.

Gydytojas tarė: „Tokios sveikos širdies nemačiau šiame kabinete jau

kelerius metus."
Šiurpas perėjo visą mano kūną, nes pajutau Dievo rankas, girdėdama savo gydytojo žodžius. Tą akimirką nutariau gyventi kitokį gyvenimą. Norėjau pasiekti paauglius, apleistuosius ir visus, kuriems reikia evangelijos.
Dievas įgyvendino mano svajonę. Mes su vyru įkūrėme Londono Manmin bažnyčią, tapę misionieriais, ir skelbiame gyvąjį Dievą.

Ištrauka iš leidinio „Nepaprasti įvykiai"

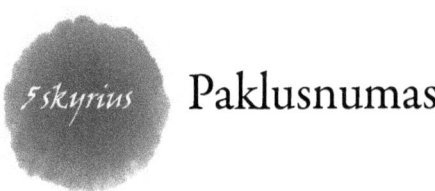

# Paklusnumas

> Paklusimas Dievo žodžiui, tariant tik 'Taip' ir 'Amen', yra trumpiausias kelias į Dievo darbų patyrimą.

Tobulas Jėzaus paklusnumas

Jėzus pakluso pirmojo dangaus teisingumui

Žmonės, patyrę Dievo darbus per paklusnumą

Paklusnumas yra tikėjimo įrodymas

Manmin centrinė bažnyčia klusniai imasi pasaulio evangelizavimo iniciatyvos

*„Jis ir išore tapo kaip visi žmonės;*
*jis nusižemino, tapdamas klusnus iki mirties,*
*iki kryžiaus mirties."*

(Laiškas filipiečiams 2, 7-8)

Biblija kalba apie daug visiškai neįmanomų įvykių, kuriuos Visagalis Dievas padarė įmanomus. Tai buvo saulės ir mėnulio sustabdymas bei jūros perskyrimas, kad tauta pereitų jos sausu dugnu. Šie įvykiai negalimi pagal pirmojo dangaus teisingumą, bet įmanomi pagal trečiojo ir aukštesnio dangų teisingumą.

Norėdami patirti tokius Dievo darbus, turime įvykdyti būtinas sąlygas. Reikia įvykdyti kelias sąlygas, ir viena iš jų labai svarbi – tai paklusnumas. Paklusimas Dievo žodžiui, tariant tik „Taip" ir „Amen", yra trumpiausias kelias į Dievo darbų patyrimą.

Samuelio pirmoje knygoje 15, 22 parašyta: „Į tai Samuelis atsakė: 'Argi tiek pat džiugina VIEŠPATĮ deginamosios aukos ir kruvinos aukos, kiek klusnumas VIEŠPATIES balsui? Tikrai klusnumas geriau už kruviną auką, ir atsidavimas už avinų taukus.'"

## Tobulas Jėzaus paklusnumas

Jėzus pakluso Dievo valiai iki mirties ant kryžiaus, kad išgelbėtų puolusią, nuodėmingą žmoniją. Mes gauname išgelbėjimą tikėjimu per šį Jėzaus paklusnumą. Norėdami suprasti, kaip išsigelbėti tikėjimu į Jėzų, visų pirma turime žinoti kaip žmonija pasuko į mirties kelią.

Prieš tapdamas nusidėjėliu Adomas džiaugėsi amžinuoju gyvenimu Edeno sode. Tačiau jis nusidėjo, valgydamas nuo Dievo uždrausto medžio, ir pagal dvasinės karalystės įstatymą „atpildas už nuodėmę mirtis" (Laiškas romiečiams 6, 23) turėjo numirti ir patekti į pragarą.

Tačiau žinodamas, kad Adomas nepaklus, dar prieš amžių

pradžią Dievas paruošė Jėzų Kristų, kad atvertų išgelbėjimo kelią pagal Dievo teisingumą. Jėzus, būdamas Žodis, tapęs kūnu, gimė šioje žemėje su žmogaus kūnu. Dievas pranašavo apie Gelbėtoją Mesiją, todėl ir šėtonas žinojo apie jį. Velnias visada ieškojo progos nužudyti Gelbėtoją. Kai trys išminčiai pranešė apie Jėzaus gimimą, velnias sukurstė karalių Erodą nužudyti visus berniukus iki dvejų metų amžiaus. Taip pat velnias sukurstė nedorus žmones nukryžiuoti Jėzų. Velnias manė, kad nuves į pragarą ir amžinai valdys visus nusidėjėlius, jeigu nužudys Jėzų, kuris atėjo tapti Gelbėtoju.

Jėzus neturėjo pirmapradės nuodėmės ir nė karto nenusidėjo, todėl neturėjo būti nužudytas pagal teisingumo įstatymą, bylojantį, kad atpildas už nuodėmę mirtis. Nepaisant to, velnias surengė Jėzaus nužudymą, sulaužydamas teisingumo įstatymą.

Todėl nenuodėmingas Jėzus nugalėjo mirtį ir prisikėlė. Dabar visi, kurie tiki į Jėzų Kristų, gali gauti išgelbėjimą ir amžinąjį gyvenimą. Iš pradžių pagal teisingumo įstatymą, bylojantį, kad atpildas už nuodėmę mirtis, Adomas ir jo palikuonys buvo pasmerkti eiti mirties keliu, bet vėliau išgelbėjimo kelias buvo atvertas per Jėzų Kristų. Tai didinga ir nuostabi „paslėpta Dievo išmintis, kurią Dievas nuo amžių paskyrė" (Pirmas laiškas korintiečiams 2, 7).

Jėzus niekada nepagalvojo: „Kodėl turiu būti nužudytas už nusidėjėlius, nors esu be nuodėmės?" Jis laisva valia sutiko būti nukryžiuotas pagal Dievo apvaizdą. Per šį tikrą ir visišką Jėzaus paklusnumą buvo atvertas mūsų išgelbėjimo kelias.

## Jėzus pakluso pirmojo dangaus teisingumui

Per visą gyvenimą šioje žemėje Jėzus nuosekliai pakluso Dievo valiai ir gyveno pagal pirmojo dangaus teisingumo įstatymą. Nors Jis buvo Dievas savo prigimtimi, Jis prisiėmė žmogaus kūną ir kentė alkį, nuovargį, liūdesį bei vienišumą kaip visi žmonės.

Prieš pradėdamas viešą tarnystę Jis pasninkavo 40 dienų. Jis buvo visatos valdovas, tačiau karštai šaukėsi Dievo ir be paliovos meldėsi. Jis buvo velnio gundomas tris kartus, baigiantis 40 dienų pasninkui, ir nuvarė velnią šalin Dievo žodžiu, nepasidavęs gundymui ir net nesusvyravęs.

Jėzus turi Dievo galybę, todėl gali padaryti bet kokį stebuklą ir nuostabių dalykų. Tačiau Jis darė stebuklus tik tada, kai šie buvo būtini pagal Dievo apvaizdą. Jis parodė Dievo Sūnaus galią, paversdamas vynu vandenį ir pamaitindamas 5000 vyrų penkiais kepalėliais duonos ir dviem žuvimis.

Jeigu būtų panorėjęs, Jis galėjo sunaikinti savo budelius, nukryžiavusius Jį, ir visus, kurie tyčiojosi iš Jo. Tačiau Jis tyliai priėmė persekiojimą bei patyčias ir paklusniai atidavė savo gyvybę ant kryžiaus. Jis jautė visas kančias ir skausmus kaip žmogus ir išliejo visą savo kraują ir vandenį.

Laiške hebrajams 5, 8-9 parašyta: „Būdamas Sūnus, jis savo kentėjimuose išmoko klusnumo ir, pasidaręs tobulas, visiems, kurie jo klauso, tapo amžinojo išganymo priežastimi."

Jėzus įvykdė teisingumo įstatymą tobulu paklusnumu, todėl visi priimantys Viešpatį Jėzų ir gyvenantys tiesoje tampa teisumo tarnais ir pasiekia išgelbėjimą, ištrūkę iš mirties kelio, kurio eina nuodėmės vergai (Laiškas romiečiams 6, 16).

## Žmonės, patyrę Dievo darbus per paklusnumą

Nors Jėzus yra Dievo Sūnus, Jis įvykdė Dievo apvaizdą visišku paklusnumu. Ar ne tuo labiau mes, tik kūriniai, turime būti visiškai paklusnūs, kad patirtume Dievo darbus? Visiškas paklusnumas būtinas.

Evangelijos pagal Joną antrame skyriuje Jėzus padarė stebuklą, paversdamas vandenį vynu. Kai puotoje vynas pasibaigė, Mergelė Marija pasakė tarnams daryti viską, ką Jėzus jiems pasakys. Jėzus jiems liepė: „Pripilkite indus vandens, semkite ir neškite stalo prievaizdui". Kai prievaizdas paragavo atnešto vandens, šis buvo virtęs geru vynu.

Jeigu tarnai nebūtų paklausę Jėzaus paliepimo nunešti vandens stalo prievaizdui, nebūtų patyrę vandens pavertimo vynu stebuklo. Gerai žinodama paklusnumo įstatymą Mergelė Marija paprašė tarnų būtinai klausyti Jo.

Prisiminkime Petro paklusnumą. Petras per visą naktį nepagavo nė vienos žuvies, bet, Jėzui įsakius: „Irkis į gilumą ir išmeskite tinklus valksmui," pakluso, pasakęs: „Mokytojau, mes, kiaurą naktį vargę, nieko nesugavome, bet dėl tavo žodžio užmesiu tinklus." Jie užgriebė tiek žuvų, kad net tinklai pradėjo trūkinėti (Evangelija pagal Luką 5, 4-6).

Jėzus buvo viena su Dievu Kūrėju, todėl prabilo Kūrėjo balsu, ir didžiulis žuvų būrys akimirksniu pakluso Jo įsakymui ir suplaukė į tinklą. Tačiau kas būtų atsitikę, jeigu Petras nebūtų paklausęs Jėzaus paliepimo? Jeigu jis būtų taręs: „Pone, aš geriau negu Jūs išmanau žvejybą, žvejojome visą naktį ir esame labai pavargę. Šiandien viskas, per sunku mesti tinklus į gelmę", tuomet joks stebuklas nebūtų įvykęs.

Sarepte našlė iš Karalių pirmos knygos 17-o skyriaus taip pat patyrė Dievo darbą per savo paklusnumą. Sausrai užsitęsus, jos maisto atsargos išseko, liko tik sauja miltų ir šlakelis aliejaus. Vieną dieną Elijas atėjo pas ją, paprašė maisto ir tarė: „VIEŠPATS, Izraelio Dievas, taip kalbėjo: 'Miltai puode neišseks nei ąsotyje aliejaus nepritrūks iki tos dienos, kurią VIEŠPATS atsiųs žemei lietaus.'" (Karalių pirma knyga 17, 14).

Našlei su sūnumi beliko laukti mirties, suvalgius paskutinį maistą. Tačiau ji tikėjo Elijo skelbiamu Dievo žodžiu ir pakluso jam. Ji atidavė visą savo maistą Elijui. Tuomet Dievas padarė stebuklą paklusniai moteriai, kaip buvo pažadėjęs. Miltų dubuo ir aliejaus ąsotis neišseko iki sausros pabaigos. Našlė, jos sūnus ir Elijas buvo išgelbėti.

### Paklusnumas yra tikėjimo įrodymas

Evangelijoje pagal Morkų 9, 23 parašyta: „Jėzus jam atsakė: 'Jei ką gali?! Tikinčiam viskas galima!'"

Šis teisingumo įstatymas sako, kad tikėdami patiriame visagalio Dievo darbus. Jei meldžiamės ir įsakome su tikėjimu, ligos pasitraukia, demonai išeina ir pasibaigia visokie sunkumai bei išmėginimai. Kai meldžiamės su tikėjimu, gauname ir finansinių palaiminimų. Tikinčiam viskas galima! Paklusnumo darbai liudija tikėjimą gauti atsakymus į maldas pagal teisingumo įstatymą. Jokūbo laiškas 2, 22 sako: „Matai, tikėjimas veikė kartu su jo darbais, ir darbai tikėjimą padarė tobulą." Jokūbo laiške 2, 26 parašyta: „Kaip kūnas be dvasios miręs, taip ir tikėjimas be darbų negyvas."

Elijas paprašė Sarepto našlės atnešti jam paskutinį maistą. Jeigu ji būtų pasakiusi: „Aš tikiu, kad tu Dievo vyras; tikiu, kad Dievas palaimins mane, ir maistas niekada nesibaigs", bet nepaklususi, ji nebūtų patyrusi Dievo darbo, nes jos darbai nebūtų įrodę jos tikėjimo.

Tačiau našlė pasikliovė Elijo žodžiais. Ji įrodė savo tikėjimą, atnešė paskutinį maistą, paklususi jo žodžiams. Šis paklusnumo darbas paliudijo jos tikėjimą, ir įvyko stebuklas pagal teisingumo įstatymą, kuris sako, kad tikinčiam viskas galima.

Mūsų tikėjimas ir paklusnumas labai svarbūs, kad gautume iš Dievo regėjimus ir sapnus. Patriarchai Abraomas, Jokūbas ir Juozapas gerai įsidėmėjo Dievo žodį ir pakluso jam.

Kai Juozapas buvo jaunas, Dievas davė jam sapną, žadantį gerbiamo žmogaus ateitį. Juozapas ne tik patikėjo šiuo sapnu, bet ir visą laiką prisiminė jį, nesuabejojo juo, ir šis išsipildė. Jis ieškojo Dievo darbų visose aplinkybėse ir klausė Jo vedimo.

13 metų išbuvęs vergu ir kaliniu, jis nesuabejojo Dievo siųstu sapnu, nors tikrovė atrodė priešinga jo svajonėms. Jis tiesiog ėjo teisumo keliu, klausydamas Dievo įsakymų. Dievas matė jo tikėjimą

bei paklusnumą ir išpildė jo sapną. Visi išmėginimai baigėsi, ir turėdamas 30 metų jis tapo antruoju valdžios žmogumi po faraono, karaliaus, visame Egipte.

## Manmin centrinė bažnyčia klusniai imasi pasaulio evangelizavimo iniciatyvos

Šiandien Manmin centrinė bažnyčia turi daugiau negu dešimt tūkstančių dukterinių/asociacinių bažnyčių visame pasaulyje ir skelbia evangeliją visuose žemės kraštuose internetu, palydovine TV ir kitomis žiniasklaidos priemonėmis. Bažnyčia daro paklusnumo darbus pagal teisingumo įstatymą nuo visų šių tarnysčių pradžios iki šios dienos.

Nuo tos akimirkos, kai susitikau su Dievu, visos mano ligos buvo išgydytos, ir aš puoselėjau svajonę tapti Dievui tinkamu vyresniuoju, šlovinančiu Dievą ir padedančiu daugybei vargšų žmonių. Tačiau vieną dieną Dievas pašaukė mane būti Jo tarnu ir tarė: „Aš išsirinkau tave savo tarnu prieš amžių pradžią". Jis pasakė, kad jeigu gilinsiuosi į Dievo žodį trejus metus, perkirsiu vandenynus, upes bei kalnus ir darysiu stebuklingus ženklus, kur tik nuvyksiu.

Iš tiesų buvau dar naujatikis. Buvau intravertas ir nemokėjau kalbėti prieš žmones, bet paklusau be jokių atsikalbinėjimų ir tapau Dievo tarnu. Dariau viską, kad elgčiausi pagal Dievo žodį, užrašytą 66 Biblijos knygose, ir meldžiausi bei pasninkavau, Šventosios Dvasios vedamas. Paklusau taip, kai Dievas liepė.

Surengiau daug didžiulių evangelizacinių kampanijų užsienyje, bet pats neplanavau ir neruošiau jų, tik klausiau Dievo įsakymų.

Vykau tik ten, kur Jis man liepė. Didelėms evangelizacinėms kampanijoms paprastai reikia kelerių pasiruošimo metų, bet jeigu Dievas įsako, pasiruošiame joms per kelis mėnesius.

Nors neturėjome pakankamai pinigų šioms didžiulėms kampanijoms, kai melsdavomės, Dievas kiekvieną kartą pasirūpindavo finansais. Kelis kartus Dievas man liepė vykti į šalis, kuriose evangelijos skelbimas atrodė neįmanomas.

2002 metais, mums ruošiantis evangelizacinei kampanijai Čenajuje, Indijoje, Tamilnado valstijos vyriausybė paskelbė naują dekretą, draudžiantį priverstinius atvertimus. Dekretas teigė, kad draudžia atversti ar mėginti atversti bet kokį žmogų iš vienos religijos į kitą, naudojat prievartą arba viliojimą ir apgaulę. Dekreto pažeidimas buvo baudžiamas laisvės atėmimu iki penkerių metų ir pinigine bauda, jeigu atverstasis asmuo yra „nepilnametis, moteris arba asmuo, priklausantis žemajai kastai ar žemajai genčiai". 100 000 rupijų baudos suma buvo lygi tūkstančio darbo dienų vidutiniam užmokesčiui.

Mūsų evangelizacinė kampanija, numatyta Marina Beach paplūdimyje, buvo skirta ne tik Indijos krikščionims, bet ir hinduistams, kurie sudaro virš 80 procentų gyventojų skaičiaus.

Dekretas, draudžiantis priverstinius atvertimus, turėjo įsigalioti pirmąją mūsų evangelizacinės kampanijos dieną, tad buvau pasiruošęs įkalinimui už viešą evangelijos skelbimą. Buvau informuotas, kad Tamilnado policija atvyks stebėti mūsų kampanijos ir įrašinės mano pamokslus.

Šioje grėsmingoje padėtyje Indijos pastoriai ir organizacinis komitetas jautė didžiulę įtampą, bet aš sukaupiau drąsą ir paklusau Dievui, nes tai buvo Jo paliepimas. Nebijojau būti suimtas ir uždarytas į kalėjimą, drąsiai skelbiau Dievą Kūrėją ir Gelbėtoją Jėzų Kristų. Tuomet Dievas padarė nuostabių dalykų. Pamokslo metu pasakiau: „Jeigu jūs atėjote, kad įgytumėte tikėjimą savo širdyje, atsistokite ir ateikite." Vienas berniukas atsistojo ir ėmė eiti. Šis berniukas buvo patyręs dubens ir klubo sąnario operaciją, ir perpjauto dubens dalys buvo sujungtos metaline plokštele. Jis kentėjo baisius skausmu ir negalėjo vaikščioti be ramentų. Bet kai aš pasakiau: „Atsistokite ir ateikite," jis iš karto numetė šalin ramentus ir pradėjo eiti.

Tą dieną, be šio berniuko stebuklo, įvyko daug stebuklingų Dievo darbų. Aklieji praregėjo, kurtieji atgavo klausą ir nebyliai prabilo. Žmonės kilo iš neįgaliųjų vežimėlių ir metė šalin savo ramentus. Ši naujiena greitai pasklido mieste ir kitą dieną susirinko daug daugiau žmonių.

Iš viso trys milijonai žmonių atėjo į susirinkimus, ir nuostabiausia, kad virš 60 procentų dalyvių buvo hinduistai. Jie turėjo nusipiešę hinduizmo ženklą ant kaktos. Išgirdę mano žinią ir išvydę galingus Dievo darbus, jie nusivalė ženklus nuo kaktų ir pasiryžo atsiversti į krikščionybę.

Ši evangelizacinė kampanija įkvėpė vienybę vietos krikščionims, ir galiausiai dekretas, draudžiantis priverstinius atvertimus, buvo panaikintas. Šis nuostabus darbas įvyko per paklusnumą Dievo žodžiui. Kaip konkrečiai turime paklusti, kad patirtume stebuklingus Dievo darbus?

**Pirma, turime paklusti 66-oms Biblijos knygoms.**

Turime paklusti Dievo žodžiui ne tik tada, kai Dievas pasirodo mums ir ką nors pasako. Turime paklusti visiems žodžiams, užrašytiems 66-ose Biblijos knygose, visą laiką. Turime suprasti Dievo valią ir paklusti jai per Bibliją ir klausydami bažnyčioje sakomų pamokslų. Kitaip tariant, įsakymai, ką daryti, ko nedaryti, ko laikytis ir ką atmesti yra Dievo teisingumo taisyklės, kurių turime laikytis.

Pavyzdžiui, jūs girdite, kad turite atgailauti už savo nuodėmes, liedami ašaras ir raudodami. Tai įstatymas, sakantis, kad Dievas mums atsilieps tik po to, kai sugriausime nuodėmės sieną, skiriančią mus nuo Dievo (Izaijo knyga 59, 1-2). Taip pat jūs girdite, kad turite šauktis Dievo maldoje. Tai maldos būdas, atnešantis atsakymus pagal įstatymą, liepiantį maitintis savo triūso ir prakaito vaisiais (Evangelija pagal Luką 22, 44).

Atgailaukime už savo nuodėmes ir šaukimės Dievo maldoje, prašydami, ko mums reikia, kad pažintume Dievą ir būtume Jo išklausyti. Jeigu sugriauname savo nuodėmių sieną, karštai meldžiamės ir darome tikėjimo darbus, susitinkame Dievą ir gauname atsakymus į maldas. Tai teisingumo įstatymas.

Antra, turime tikėti Dievo tarnų, su kuriais yra Dievas, žodžiais ir paklusti jiems.

Vos atidarius mūsų bažnyčią, vėžiu sergantis ligonis buvo neštuvais atneštas į Dievo garbinimo susirinkimą. Aš pasakiau jam atsisėsti. Jo žmona prilaikė jį už nugaros, jis vos galėjo pasėdėti. Ar aš nežinojau, kad jam bus labai sunku sėdėti, matydamas, jog jis labai serga ir jį atnešė neštuvais? Tačiau aš patariau jam, Šventosios Dvasios įkvėptas, ir šis pakluso. Matydamas jo paklusnumą Dievas akimirksniu išgydė jį. Visi jo skausmai pradingo, jis atsistojo ir vaikščiojo.

Kaip našlė iš Sarepto pakluso pranašo Elijo žodžiui, tikėdama Dievo vyru, taip ir šio žmogaus paklusnumas atvėrė jam kelią į Dievo atsakymą. Jis negalėjo būti išgydytas savo tikėjimu, bet patyrė gydančią Dievo galią todėl, kad pakluso Dievo žmogaus, per kurį veikė Dievo galia, žodžiui.

## Trečia, turime paklusti Šventosios Dvasios vedimui.

Taip pat turime iš karto paklusti Šventosios Dvasios balsui, išgirdę jį melsdamiesi arba klausydami pamokslų, kad gautume Dievo atsakymus į savo maldas. Mumyse gyvenanti Šventoji Dvasia veda mus palaiminimų ir Dievo atsakymų keliu pagal teisingumo įstatymą.

Pavyzdžiui, jeigu pamokslo metu Šventoji Dvasia paragina jus daugiau melstis, turite iš karto paklusti. Jeigu paklūstate, galite pamatyti ir atgailauti už savo nuodėmes, kurių ilgai nepastebėjote, arba gauti kalbų dovaną iš Dievo malonės. Kartais palaiminimai nužengia maldos metu.

Kai buvau naujatikis, dirbau sunkų darbą statybose, kad sudurčiau galą su galu. Labai pavargęs eidavau namo pėsčias, kad sutaupyčiau pinigų, bet širdyje pajutęs Šventosios Dvasios raginimą paaukoti pinigų bažnyčios statybai arba atnešti padėkos auką, iš karto paklusdavau.

Aš aukojau, nepaisydamas savo minčių. Jeigu neturėdavau pinigų, duodavau įžadą paaukoti Dievui iki tam tikros datos. Dariau viską, kad uždirbčiau pinigų iki įsipareigoto laiko, ir paaukodavau juos Dievui. Man darant paklusnumo darbus, Dievas vis labiau laimino dovanomis, kurias Jis buvo paruošęs.

Dievas mato mūsų paklusnumą ir atveria atsakymų į maldas ir palaiminimų duris. Man Jis suteikė didelius ir mažus atsakymus, viską, ko prašiau, ne tik finansinius palaiminimus. Jis davė viską, ko prašiau, kai paklusdavau Jam su tikėjimu.

Antras laiškas korintiečiams 1, 19-20 sako: „Juk Dievo Sūnus Jėzus Kristus, kurį jums paskelbėme aš, Silvanas ir Timotiejus, anaiptol nebuvo ir 'taip', ir 'ne', bet jame buvo tik 'taip'. Kiek tik yra Dievo pažadų, jie jame yra 'taip'. Todėl per jį skamba ir mūsų 'Amen' Dievo garbei."

Turime parodyti tikėjimo darbus savo paklusnumu, kad patirtume Dievo darbus pagal teisingumo įstatymą. Jėzus parodė paklusnumo pavyzdį, ir jeigu mes paklusime Dievui, nepaisydami savo aplinkybių ir sąlygų, patirsime galingus Dievo darbus. Viliuosi, kad jūs paklusite Dievo žodžiui, sakydami tik „Taip" ir „Amen", ir patursite Dievo darbus savo kasdieniniame gyvenime.

Dr. Paul Ravindran Ponraj (Čenajus, Indija)
- Torakalinės chirurgijos centro ordinaras, Southampton General ligoninė, JK
- Torakalinės chirurgijos skyriaus ordinaras, St. Georges ligoninė, Londonas, JK
- Širdies ir krūtinės vyr. chirurgas, HAREFIELD ligoninė, Middlesex, JK
- Širdies ir krūtinės chirurgas, Willingdon ligoninė, Čenajus

# Dievo galybė pranoksta mediciną

Dažnai dedu ligoniams skepetėlę, kurią melsdamasis lietė Dievo tarnas, ir matau, kaip jie pasveiksta. Visada turiu šią skepetėlę savo marškinių kišenėje, kai operuoju ligonius. Noriu papasakoti stebuklą, įvykusį 2005 metais.

Jaunas vyras, 42 metų amžiaus statybos rangovas iš vieno Tamilnado valstijos miesto atvyko pas mane su vainikinių arterijų liga, turėjau atlikti jam širdies arterijų šuntavimą. Paruošiau jį operacijai ir operavau. Tai buvo labai paprasta dviejų šuntų persodinimo operacija, nesustabdžius širdies. Operacija truko maždaug pustrečios valandos.

Uždarius krūtinės ląstą, staiga jo elektrokardiograma tapo nenormali ir nukruto kraujospūdis. Vėl atvėriau jam krūtinės ląstą ir pamačiau, kad šuntai be priekaištų. Jis buvo perkeltas į kateterizacijos laboratoriją angiografiniam tyrimui. Buvo nustatyta visos jo širdies kraujagyslės ir kojos didžiosios kraujagyslės susitraukė ir nepraleidžia

kraujo. Šio reiškinio priežasties nežinome ir šiandien.
Jaunas vyras buvo beviltiškos būklės. Jis buvo gražintas į operacinę išoriniam širdies masažui, jam vėl buvo atverta krūtinės ląsta, ir širdis buvo tiesiogiai masažuojama virš 20 minučių. Jis buvo prijungtas prie dirbtinio kvėpavimo aparato.

Visos kraujagysles plečiančių vaistų injekcijos nedarė jokio poveikio. Kraujospūdis, nukritęs nuo 25 iki 30 mmHg laikėsi 7 valandas, ir aš žinojau, kraujo ir deguonies tiekimas tokiu spaudimu yra nepakankamas smegenų gyvybei palaikyti.

Po 18 valandų kovos už jo gyvybę ir 7 valandų bergždžio širdies stimuliavimo, nusprendėme uždaryti krūtinės ląstą ir konstatuoti paciento mirtį. Parpuoliau ant kelių ir meldžiausi: „Dieve, tebūnie taip, jeigu Tu to nori." Pradėjau operaciją su malda ir visą laiką kišenėje turėjau skepetėlę, kurią man buvo padovanojęs dr. Jaerock Lee. Prisiminiau, kas parašyta Apaštalų darbuose 19, 12. Po maldos nuėjau į operacinę uždaryti krūtinės ląstą prieš paciento mirties konstatavimą.

Staiga pacientas atgijo, jo būklė buvo visiškai normali. Kardiograma buvo normali. Visa operacinės komanda buvo sukrėsta, ir vienas jos narys, netikintis, tarė: „Dievas, į kurį tu tiki, pagerbė tave." Taip,

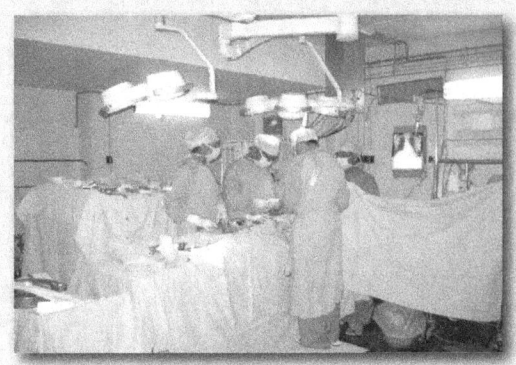

Dr. Paul Ponraj atlieka operaciją (centre)

tai tiesa, gyvendamas tikėjimu patiri stebuklus, ir nelaimės baigiasi. Šis jaunas vyras išėjo iš ligoninės be jokio neurologinių sutrikimų, išskyrus nedidelį dešinės kojos patinimą. Jis paliudijo maldos grupėje, kad ketina tarnauti Dievui, kuris dovanojo jam antrą gyvenimą.

**Ištrauka iš leidinio „Nepaprasti įvykiai"**

# 6 skyrius  Tikėjimas

> Jeigu turime gilų tikėjimą,
> prisišaukiame Dievo galios
> iš pažiūros beviltiškose padėtyse.

Tyra širdis ir gilus tikėjimas

Ryšys tarp tikėjimo ir nuoširdumo

Prašykite su giliu tikėjimu

Abraomas su tyra širdimi ir giliu tikėjimu

Tyros širdies ir gilaus tikėjimo ugdymas

Tikėjimo išmėginimai

Pakistano evangelizacinė kampanija

„...*ateikime su tyra širdimi ir giliu tikėjimu, apvalę širdis nuo nešvarios sąžinės ir nuplovę kūną švariu vandeniu!*"

(Laiškas hebrajams 10, 22)

Žmonės sulaukia atsakymų iš Dievo skirtingai. Vieni sulaukia atsakymo, pasimeldę tik vieną kartą arba tik trokšdami širdyje, kiti turi melstis ir pasninkauti daug dienų. Vieni rodo Dievo ženklus, sutramdo tamsos galias ir gydo ligonius tikėjimo malda (Evangelija pagal Morkų 16, 17-18), kiti sako, kad meldžiasi su tikėjimu, bet ženklai ir stebuklai nelydi jų maldų. Jeigu žmogus suserga, nors tiki į Dievą ir meldžiasi, jis turi ištirti savo tikėjimą. Biblijos žodžiai yra tiesa, kuri niekada nesikeičia, ir jeigu žmogus turi tikėjimą, kurį Dievas pripažįsta, jis gauna viską, ko prašo. Jėzus pažadėjo mums Evangelijoje pagal Matą 21, 22: „Visa, ko tikėdami melsite, gausite". Kodėl žmonės gauna atsakymus iš Dievo skirtingu mastu?

## Tyra širdis ir gilus tikėjimas

Laiškas hebrajams 10, 22 sako: „...ateikime su tyra širdimi ir giliu tikėjimu, apvalę širdis nuo nešvarios sąžinės ir nuplovę kūną švariu vandeniu!" Tyra širdis neturi melo, ji panaši į Jėzaus Kristaus širdį. Gilus tikėjimas yra tobulas. Turime neabejodami tikėti visais 66-ių Biblijos knygų žodžiais ir laikytis visų Dievo įsakymų. Kokio tyrumo mūsų širdis, tokio gylio tikėjimas. Išsiugdę tyrą širdį meldžiasi su giliu tikėjimu. Dievas greitai atsako į jų maldas. Daug žmonių išpažįsta savo tikėjimą Dievu, bet jų nuoširdumas labai skiriasi. Mūsų tikėjimas siekia šimtą procentų, kai mūsų širdis tyra šimtu procentų. Tikėjimas siekia tik 50 procentų, kai širdis pusiau tyra. Tuomet Dievas sako: "Tu tik pusiau pasitiki manimi". Nuoširdumas tikėjimo išpažinime yra tikėjimas, kurį Dievas pripažįsta.

### Ryšys tarp tikėjimo ir nuoširdumo

Pasitikėjimo žmonėmis laipsnis būna labai skirtingas. Pavyzdžiui, ką mama sako, išeidama ir palikdama mažus vaikus vienus? Ji sako: "Gerai elkitės ir neišeikite iš namų. Vaikai, aš pasitikiu jumis." Ar ji tikrai pasitiki savo vaikais?

Jeigu motina tikrai pasitiki savo vaiku, jai nereikia sakyti: "Aš pasitikiu tavimi." Ji tiesiog pasako: "Grįšiu tada ir tada". Tačiau ji pasako daugiau, jeigu vaikas nepatikimas. Ji priduria: "Ką tik sutvarkiau namus, palaikyk tvarką. Neliesk mano kosmetikos ir dujinės viryklės." Išvardinusi viską, dėl ko nerimauja, išeidama ji sako: "Pasitikiu tavimi, klausyk manęs."

Jeigu pasitikėjimas dar menkesnis, išėjusi ji paskambina namo ir paklausia: "Ką veiki? Ar viskas gerai?" Ji bando sužinoti, ką jos vaikas veikia. Ji sako, kad pasitiki vaiku, bet negali pasikliauti juo visa širdimi. Tėvų pasitikėjimas savo vaikais būna labai skirtingas.

Vieni vaikai labiau patikimi negu kiti pagal nuoširdumą. Jeigu jie visada klauso tėvų, šie pasitiki jais šimtu procentų. Kai šie tėvai sako: "Pasitikiu tavimi," tai būna tiesa.

## Prašykite su giliu tikėjimu

Jeigu vaikas, kuriuo tėvai pasitiki šimtu procentų, ko nors paprašo, tėvai duoda jam, ko jis prašo. Jie neklausia: „Ką tu darysi? Kam tau reikia?" Jie duoda, ko jis nori, visiškai pasitikėdami, ir galvoja: „Jis prašo todėl, kad jam reikia. Jis nieko nešvaisto."

Bet jeigu tėvai ne visai pasitiki savo vaikais, prieš duodami jie išsiaiškina vaiko prašymo priežastį. Kuo mažiau jie pasitiki, tuo labiau abejoja vaiko žodžiais ir nenori duoti, ko jis prašo. Jei vaikas prašo ir prašo, tėvai kartais įvykdo prašymą ne dėl to, kad tiki juo, bet tik todėl, kad jis labai prašo.

Šis principas galioja ir mūsų santykiuose su Dievu. Ar jūsų širdis tokia tyra, kad Dievas šimtu procentų pripažintų jūsų tikėjimą ir tartų: „Mano sūnau, dukra, tu giliai tiki manimi"?

Neturime būti tie, kurie gauna iš Dievo tik todėl, kad prašo dieną ir naktį. Turime gauti, ko prašome, gyvendami tiesoje ir nedarydami nieko smerktino (Jono pirmas laiškas 3, 21-22).

## Abraomas su tyra širdimi ir giliu tikėjimu

Abraomas tapo tikėjimo tėvu todėl, kad turėjo tyrą širdį ir gilų tikėjimą. Jis tikėjo Dievo pažadu ir neabejojo jokiose aplinkybėse. Dievas pažadėjo Abraomui, kai šis buvo 75 metų amžiaus, kad iš jo kils didelė tauta, bet praėjo virš 20 metų, o jis nesulaukė vaikų. Kai jam buvo 99, o jo žmonai Sarai 89, per seni susilaukti vaikų, Dievas pasakė, kad po metų jie turės sūnų.

Laiške romiečiams 4, 19-22 parašyta: „Jis nesvyruodamas tikėjo, nors regėjo savo kūną jau apmirusį jam buvo arti šimto metų ir Saros įsčias apmirusias. Jis nepasidavė netikėjimui Dievo pažadu, bet įsitvirtino tikėjime, teikdamas Dievui garbę ir būdamas tikras, jog, ką šis pažadėjo, tai įstengs ir įvykdyti. Todėl jam tai buvo įskaityta teisumu."

Nors žmogui tai buvo visiškai neįmanoma, Abraomas niekada neabejojo Dievo pažadu, ir Jis pripažino jo tikėjimą. Dievas davė jam sūnų Izaoką kitais metais, kaip pažadėjo.

Tačiau prieš tapimą tikėjimo tėvu Abraomo laukė dar vienas išmėginimas. Abraomas, būdamas 100 metų, susilaukė Izaoko, kuris gerai augo. Abraomas labai mylėjo savo sūnų. Dievas įsakė Abraomui paaukoti Izaoką kaip deginamąją auką, kaip jautį arba aviną. Senojo Testamento laikais aukojamas gyvulys būdavo papjaunamas, oda nulupama, skerdiena sukapojama į gabalus ir atnašaujama kaip deginamoji auka.

Laiškas hebrajams 11, 17-19 paaiškina Abraomo elgesį: „Tikėdamas Abraomas atnašavo Izaoką, kai buvo mėginamas. Jis ryžosi paaukoti net viengimį sūnų jis, kuris buvo gavęs pažadus, kuriam buvo pasakyta: Tau bus duoti palikuonys iš Izaoko. Jis suprato, kad Dievui įmanoma prikelti net mirusius, todėl atgavo sūnų kaip įvaizdį."

Abraomas pririšo Izaoką prie aukuro ir pakėlė peilį sūnui nužudyti. Tą akimirką Dievo angelas sušuko jam iš dangaus, tardamas: „Nekelk rankos prieš berniuką, tęsė, nieko jam nedaryk! Dabar žinau, kad tu bijai Dievo, nes neatsisakei atiduoti man savo vienturtį sūnų." (Pradžios knyga 22, 12).

Šiame išmėginime Dievas pripažino tobulą Abraomo tikėjimą ir tinkamumą tapti tikėjimo tėvu.

## Tyros širdies ir gilaus tikėjimo ugdymas

Kadaise neturėjau jokios vilties, tik laukiau, kada numirsiu. Tačiau mano sesuo nusivedė mane į bažnyčią, ir parpuolęs ant kelių Dievo šventovėje buvau išgydytas nuo visų ligų Dievo galybe. Taip Dievas atsakė į mano sesers maldas ir pasninką.

Patyręs didžiulę meilę ir malonę iš Dievo labai norėjau kuo daugiau sužinoti apie Jį. Lankiausi daugybėje prabudimo susirinkimų ir pamaldų, kad pažinčiau Dievo žodį. Nors dirbau sunkų fizinį darbą statybose, kas rytą ėjau į maldos susirinkimą. Troškau kuo geriau pažinti Dievo žodį ir Jo valią.

Kai pastoriai paaiškindavo Dievo valią, aš paklusau jai. Išgirdęs, kad Dievo vaikui nedera rūkyti ir gerti, iškart mečiau šiuos įpročius. Sužinojęs, kad turime atnešti Dievui dešimtines ir aukas, aukoju jas Dievui iki šios dienos.

Skaičiau Bibliją ir dariau tai, ką Dievas liepia mums daryti, ir laikiausi to, ko Dievas liepia mums laikytis. Nedariau to, ko Biblija liepia nedaryti. Meldžiausi ir net pasninkavau, kad atmesčiau tai, ką Biblija liepia mums atmesti. Jeigu būdavo sunku atmesti ydas, pasninkavau. Dievas įvertino mano pastangas atsilyginti už Jo malonę ir davė man brangų tikėjimą. Mano tikėjimas į Dievą tvirtėjo kiekvieną dieną. Niekada nesuabejojau Dievu jokiuose išmėginimuose ir sunkumuose. Paklūstant Dievo žodžiui, mano širdis tapo tyra, joje nebeliko melo. Ji nuolat keitėsi į gerą ir tyrą širdį, darėsi panaši į mūsų Viešpaties širdį.

Kaip parašyta Jono pirmame laiške 3, 21: „Mylimieji, jei širdis mūsų nesmerkia, mes pasitikime Dievu," aš prašiau tvirtai pasitikėdamas Dievu ir buvau išklausytas.

### Tikėjimo išmėginimai

1983 metų vasario mėnesį, praėjus septyniems mėnesiams po mūsų bažnyčios įkūrimo, patyriau didelį savo tikėjimo išmėginimą. Vieną šeštadienio rytą mano trys dukterys ir vienas jaunuolis buvo atrasti apsinuodiję anglies monoksidu. Tai įvyko iš karto po visą penktadienio naktį trukusio maldos susirinkimo. Atrodė, kad nebeįmanoma jų atgaivinti, nes jie kvėpavo anglies monoksidu beveik visą naktį.

Jų akys buvo užverstos, iš burnos ėjo putos, kūnai visiškai suglebęs. Paprašiau mūsų bendruomenės narių paguldyti juos bažnyčioje ant grindų, nuėjau prie altoriaus ir atnašavau Dievui padėkos maldą: „Tėve Dieve, dėkoju Tau. Tu juos davei ir Tu juos paėmei. Dėkoju tau, kad paėmei mano dukteris į Viešpaties prieglobstį. Ačiū Tau, Dieve, kad paėmei jas į savo karalystę, kur nėra ašarų, sielvarto ir skausmo. Tačiau šis jaunuolis yra mūsų bažnyčios narys, prašau Tavęs atgaivinti jį. Nenoriu, kad ši nelaimė suterštų Tavo vardą..."

Baigęs padėkos Dievui maldą, pirmiausia pasimeldžiau už jaunuolį, paskui už savo dukteris paeiliui. Nepraėjus nė dviem minutėms po mano maldų, visi keturi atsistojo vienas po kito, atgavę sąmonę, ta eilės tvarka, kuria meldžiausi už juos.

Aš tikrai jaučiau pasitikėjimą ir meilę Dievui, todėl dėkojau maldoje, neturėdamas jokių priekaištų ir sielvarto širdyje, ir Dievas, sujaudintas mano maldos, padarė mums didį stebuklą. Mūsų bažnyčios nariai įgijo didesnį tikėjimą per šį įvykį. Mano tikėjimas taip pat buvo Dievo pripažintas, aš gavau daugiau galios iš Dievo. Kitaip tariant, aš išmokau išvaryti nuodingas dujas, nors jos nėra gyvas organizmas.

Jeigu išmėginime parodome nesvyruojantį tikėjimą Dievu, Jis pripažįsta mūsų tikėjimą ir apdovanoja mus palaiminimais. Net priešas velnias ir šėtonas nebegali mūsų kaltinti, kai pamato, kad turime tvirtą ir tikrą tikėjimą.

Paskui įveikiau visus išmėginimus, visada artėdamas prie Dievo su tyra širdimi ir tobulu tikėjimu. Kaskart gavau vis daugiau galios iš aukštybių. 2000 metais Dievas paragino mane pradėti evangelizacines kampanijas užsienyje.

Kai pasninkavau 40 dienų 1982 metais, prieš įkurdamas bažnyčią, Dievas su džiaugsmu priėmė mano pasninką ir davė man dvi misijas: evangelizuoti pasaulį ir pastatyti Didžiąją šventyklą. Praėjo penkeri ir dešimt metų, bet aš vis nemačiau jokių galimybių įvykdyti šias misijas. Tačiau tikėjau, kad Dievas įvykdys jas ir nuolatos meldžiausi dėl to.

Praėjus 17 metų po bažnyčios įkūrimo, Dievas palaimino mus pasaulio evangelizavimu per didžiules kampanijas užsienyje, kuriose Dievas darė nuostabius darbus. Pradėję nuo Ugandos, skelbėme evangeliją Japonijoje, Pakistane, Kenijoje, Filipinuose, Indijoje, Dubajuje, Rusijoje, Vokietijoje, Peru, Kongo Demokratinėje Respublikoje, JAV ir net Izraelyje, kur evangelijos skelbimas praktiškai neįmanomas. Visur Dievas gydė ligonius. Daug žmonių atsivertė iš hinduizmo ir islamo. Atnešėme Dievui didžią garbę.

Laikui atėjus, Dievas leido mums išleisti daug knygų įvairiomis kalbomis, paskelbti evangeliją per spaudą ir įkurti krikščionišką TV kanalą „Global Christian Network" (GCN) bei Pasaulinį gydytojų krikščionių tinklą (WCDN), kad skelbtume Dievo galybės darbus, vykstančius mūsų bažnyčioje.

## Pakistano evangelizacinė kampanija

Evangelizacinėse kampanijose užsienyje daug kartų teko tikėjimu įveikti sunkumus, bet noriu papasakoti apie Pakistano evangelizacinę kampaniją, surengtą 2000 metų spalio mėnesį. Jungtinės evangelizacinės kampanijos pradžios dieną vyko pastorių konferencija. Nors buvome gavę leidimą iš valdžios, atėję ryte radome konferencijos salę užrakintą. Pakistano gyventojų dauguma musulmonai. Mums buvo grasinama teroristiniais išpuoliais. Mūsų susitikimas buvo žiniasklaidos plačiai išreklamuotas, todėl musulmonai stengėsi sutrukdyti mūsų rengiamą evangelizacinę kampaniją.

Štai kodėl valdžia staiga pakeitė savo sprendimą, atšaukė leidimą susirinkimui numatytoje vietoje, ir užtvėrė kelią žmonėms, atvykstantiems į konferenciją. Tačiau aš nesijaudinau ir net nenustebau. Pajutęs širdyje paraginimą pasakiau: „Konferencija prasidės vidurdienį." Išpažinau tai tikėjimu, kai ginkluoti policininkai saugojo įėjimą ir atrodė, kad valdžios pareigūnai tikrai nepakeis savo nusistatymo.

Dievas iš anksto žinojo, kad taip bus ir paruošė Pakistano kultūros ir sporto ministrą, kuris galėjo išspręsti šią problemą.

Jis buvo Lahore su reikalais ir, vykdamas į oro uostą grįžimui į Islamabadą, išgirdo apie mūsų padėtį ir paskambino į policijos departamentą ir vyriausybės pareigūnams, kad mums būtų leista susirinkti. Jis net atidėjo savo skrydį, ir atvyko į mūsų konferencijos vietą.

Nuostabus Dievo veikimas atvėrė kelią, ir daugybė žmonių atskubėjo, šūkaudami iš džiaugsmo. Žmonės glėbesčiavo vienas kitą ir susijaudinę verkė iš džiaugsmo, dėkodami ir duodami garbę Dievui. Tai įvyko tiksliai vidurdienį!

Kitą dieną didingi Dievo darbai vyko susirinkime, į kurį susirinko didžiausias žmonių skaičius Pakistano krikščionybės istorijoje. Taip atsivėrė kelias misijoms Viduriniuose Rytuose.

Nuo to laiko mes atnešėme didžią garbę Dievui visose šalyse, kuriose rengėme evangelizacines kampanijas, surinkdami didžiules minias žmonių ir vykstant galingiems Dievo darbams.

Kaip visrakčius galime atrakinti visas duris, taip su tobulu tikėjimu prisišaukiame Dievo galios iš pažiūros beviltiškose padėtyse. Tuomet visos problemos išsisprendžia akimirksniu.

Taip pat net katastrofų, gamtos nelaimių ir epidemijų metu Dievas apsaugo mus, jeigu artinamės prie jo su tyra širdimi ir tobulu tikėjimu. Taip pat, kai turintys valdžią ir pikti žmonės spęs jums pinkles, jūs šlovinsite Dievą su tyra širdimi ir tobulu tikėjimu kaip Danielius, kuris buvo saugus liūtų duobėje.

Metraščių antroje knygoje 16, 9 parašyta: „Nes VIEŠPATIES akys aprėpia visą žemę ir sustiprins tuos, kurie su juo visa širdimi."

Nors Dievo vaikai susidurs su daugybe mažų ir didelių sunkumų savo gyvenime, Dievas laukia, kad jų metu jie pasikliautų Juo, melsdamiesi su tobulu tikėjimu.

Ateinantys pas Dievą su tyra širdimi atgailauja už savo nuodėmes, pamatę jas. Gavę išpažintų nuodėmių atleidimą jie įgyja pasitikėjimą ir artinasi prie Dievo su giliu tikėjimu (Laiškas hebrajams 10, 22). Meldžiuosi Viešpaties vardu, kad jūs, supratę šį principą, artintumėtės prie Dievo su tyra širdimi ir tobulu tikėjimu, gaudami viską, ko melsdamiesi prašote.

*Biblijos pavyzdžiai II*

# Trečiasis dangus ir trečiosios dimensijos erdvė

Dangaus karalystė yra trečiajame danguje.

Trečiojo dangaus erdvė vadinasi „trečios dimensijos erdve".

Kai vasara būna karšta ir drėgna, jaučiamės kaip tropikuose. Tai nereiškia, kad tropikų klimatas tikrai persikėlė pas mus. Tai reiškia, kad mūsų oro sąlygos panašios į tropikų sąlygas.

Panašiai, kai trečiojo dangaus dalykai vyksta pirmajame danguje (fizinėje erdvėje, kurioje gyvename), tai nereiškia, kad tam tikra trečiojo dangaus dalis persikėlė į pirmąjį dangų.

Žinoma, kai dangaus galybės, angelai ar pranašai atvyksta į pirmąjį dangų, atsiveria trečiojo dangaus vartai.

Kaip astronautai turi apsivilkti skafandrus, eidami į atvirą kosmosą, taip trečiojo dangaus būtybės, eidamos į pirmąjį dangų, turi „apsivilti" trečiosios dimensijos erdve.

Kai kurie patriarchai Biblijoje taip pat patyrė trečiojo dangaus erdvę. Tai atvejai, kai angelai arba VIEŠPATIES angelai pasirodė ir padėjo jiems.

### Petro ir Pauliaus išlaisvinimas iš kalėjimo

Apaštalų darbuose 12, 7-10 parašyta: „Staiga ten atsirado Viešpaties angelas, ir kamerą nutvieskė šviesa. Jis sudavė Petrui į šoną ir žadindamas tarė: 'Kelkis greičiau!' Ir nukrito jam grandinės nuo rankų. Angelas kalbėjo toliau: 'Susijuosk ir apsiauk sandalus!' Jis taip ir padarė. Angelas tęsė: 'Užsimesk apsiaustą ir eik paskui mane!' Išėjęs Petras sekė paskui jį. Tik jis nesuvokė, kad angelo veiksmai tikri, jis tarėsi matąs regėjimą. Šitaip juodu praėjo pro pirmą ir antrą sargybą ir prisiartino prie geležinių vartų į miestą. Vartai savaime atsidarė. Išėję pro juos, jie leidosi tolyn viena gatve. Staiga angelas nuo jo pasitraukė."

Apaštalų darbuose 16, 25-26 parašyta: „Apie vidurnaktį Paulius ir Silas meldėsi ir giedojo Dievui himną. Kiti kaliniai klausėsi. Staiga kilo toks stiprus žemės drebėjimas, jog kalėjimo pamatai susvyravo. Bematant atsivėrė visos durys, ir visiems nukrito pančiai."

Apaštalai Petras ir Paulius buvo nekalti uždaryti į kalėjimą už tai, kad skelbė evangeliją. Jie buvo persekiojami, kai skelbė evangeliją, bet nė kiek nesiskundė. Jie šlovino Dievą ir džiaugėsi garbe kentėti dėl Viešpaties vardo. Jie buvo tyros širdies žmonės pagal trečiojo dangaus teisingumą, todėl Dievas atsiuntė angelus išlaisvinti juos. Pančiai ir geležiniai vartai angelams buvo ne problema.

# Danielius liko sveikas liūtų duobėje

Kai Danielius buvo Persijos imperijos ministras pirmininkas, pavydūs didikai surengė sąmokslą, ir pranašas buvo įmestas į liūtų duobę, bet Danieliaus knyga 6, 23 sako: „Mano Dievas atsiuntė savo angelą, ir šis užčiaupė liūtų nasrus, kad jie man nepakenktų, nes aš buvau jo akivaizdoje rastas nekaltas. Netgi tau, o karaliau, aš nenusikaltau." „Dievas atsiuntė savo angelą, ir šis užčiaupė liūtų nasrus" reiškia, kad trečiojo dangaus erdvė apgaubė juos. Dangaus karalystėje, esančioje trečiajame danguje, net mūsų pasaulyje plėšrūs žvėrys, pavyzdžiui, liūtai, yra ne pikti, bet labai švelnūs. Todėl tikri šios žemės liūtai tapo labai malonūs, kai trečiojo dangaus erdvė apgaubė juos. Tačiau šiai erdvei pasitraukus, liūtai vėl sužvėrėjo. Danieliaus knygoje 6, 25 parašyta: „Karalius įsakė, kad būtų atvesti tie vyrai, kurie apšmeižė Danielių, ir įmesti į liūtų duobę jie, jų vaikai ir žmonos. Jiems net nepasiekus duobės dugno, liūtai griebė juos ir sutriuškino visus jų kaulus."
Danielius buvo Dievo apsaugotas todėl, kad visai nenusidėjo. Pikti žmonės bandė atrasti pagrindą jo apkaltinimui, bet nerado. Danielius meldėsi, kai jo gyvybė buvo pavojuje. Jis elgėsi tinkamai pagal trečiosios dimensijos teisingumą, todėl jos erdvė nužengė į liūtų duobę ir Danielius nė kiek nenukentėjo.

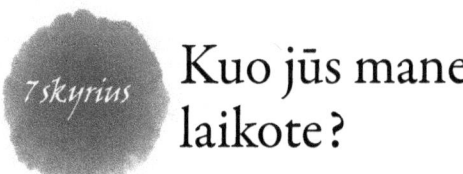

# Kuo jūs mane laikote?

> Tu esi Kristus, gyvojo Dievo Sūnus."
> Jeigu išpažinsite tikėjimą
> iš širdies gelmių,
> jis bus lydimas jūsų darbų.
> Dievas laimina tokius išpažinėjus.

Išpažinimo lūpomis reikšmė

Petras ėjo vandeniu

Petras gavo dangaus raktus

Nuostabaus Petro palaiminimo priežastis

Vykdykite Dievo žodį, jeigu tikite į Jėzų savo Gelbėtoją

Atsakymų gavimas iš Jėzaus

Atsakymų į maldas gavimas per išpažinimą lūpomis

*Jis vėl paklausė: „O kuo jūs mane laikote?" Tada
Simonas Petras atsakė: „Tu esi Mesijas, gyvojo Dievo Sūnus!" Jėzus
jam tarė: „Palaimintas tu, Simonai, Jonos sūnau, nes ne kūnas ir
kraujas tai tau apreiškė,
bet mano Tėvas, kuris yra danguje. Ir aš tau sakau:
tu esi Petras [uola]; ant tos uolos aš pastatysiu savo Bažnyčią, ir
pragaro vartai jos nenugalės.
Tau duosiu dangaus karalystės raktus;
ką tu suriši žemėje, bus surišta ir danguje,
ir ką atriši žemėje, bus atrišta ir danguje."*

———————

(Evangelija pagal Matą 16, 15-19)

Kai kurie sutuoktiniai retai sako vienas kitam: „Aš myliu tave" per visą santuokinį gyvenimą. Paklausus kodėl, kai kurie sako, kad svarbiausia tai, kas širdyje, o žodžiai nereikalingi. Žinoma, širdis svarbesnė už vien išpažinimą lūpomis.

Nesvarbu, kiek kartų sakytume: „Aš myliu tave", tai nieko nereikštų, jei širdyje nebūtų meilės. Bet ar negeriau pasakyti, ką turime savo širdyje? Tas pats ir dvasiniame gyvenime.

## Išpažinimo lūpomis reikšmė

Laiškas romiečiams 10, 10 sako: „Širdimi priimtas tikėjimas veda į teisumą, o lūpomis išpažintas į išganymą."

Taip, ši eilutė pabrėžia tikėjimą širdimi. Mes būsime išgelbėti, ne tik lūpomis išpažindami tikėjimą, bet tikėdami širdimi. Tačiau čia pasakyta, kad turime lūpomis išpažinti savo širdies tikėjimą. Kodėl? Todėl, kad žinotume, kokie svarbūs darbai, kurie lydi išpažinimą lūpomis. Kas sako, kad tiki, bet neturi tikėjimo savo širdyje, tas negali parodyti savo tikėjimo įrodymų, kurie yra tikėjimo veiksmai arba darbai. Tačiau tikintys širdimi ir išpažįstantys tikėjimą lūpomis įrodo savo tikėjimą darbais. Kitaip tariant, jie daro tai, ką Dievas liepia daryti, ir nedaro, ko Dievas neleidžia daryti; laikosi, ko Dievas liepia laikytis, ir atmeta viską, ką Dievas liepia atmesti.

Jokūbo laiške 2, 22 parašyta: „Matai, tikėjimas veikė kartu su jo darbais, ir darbai tikėjimą padarė tobulą." Evangelija pagal

Matą 7, 21 taip pat sako: „Ne kiekvienas, kuris man šaukia: 'Viešpatie, Viešpatie!' įeis į dangaus karalystę, bet tik tas, kuris vykdo mano dangiškojo Tėvo valią." Mes būsime išgelbėti, tik vykdydami Dievo valią. Jeigu jūs išpažįstate tikėjimą, kylantį iš širdies, jis bus lydimas darbų. Tuomet Dievas pripažins jūsų tikėjimą, išklausys jus ir ves palaiminimų keliu. Evangelijoje pagal Matą 16, 15-19 Petras gavo nuostabų palaiminimą per tikėjimo, kylančio iš širdies gelmių, išpažinimą. Jėzus paklausė mokinių: „O kuo jūs mane laikote?" Petras atsakė: „Tu esi Mesijas, gyvojo Dievo Sūnus!" Kaip Petras sugalvojo tokį nuostabų išpažinimą? Evangelijos pagal Matą 14-as skyrius pasakoja apie įvykius, po kurių Petras ištarė nuostabų tikėjimo išpažinimą. Tai buvo po Petro ėjimo vandeniu. Žmogaus ėjimas vandeniu atrodo neįmanomas žmogaus protui. Jėzaus ėjimas vandeniu labai nuostabus, bet ir Petro ėjimas vandeniu prikausto mūsų dėmesį.

### Petras ėjo vandeniu

Tuo metu Jėzus vienas meldėsi kalnuose ir paskui vidury nakties atėjo pas savo mokinius, kurie buvo bangų blaškomoje valtyje. Mokiniai manė, kad tai šmėkla. Įsivaizduokite būtybę, ateinančią naktį vidury jūros! Mokiniai iš baimės ėmė šaukti. Jėzus tarė: „Nenusiminkite! Tai aš. Nebijokite!" Petras atsiliepė: „Viešpatie, jei čia tu, liepk man ateiti pas tave vandeniu." Jėzus pasakė: „Eik!" Petras, išlipęs iš valties, ėmė eiti vandens paviršiumi ir nuėjo prie Jėzaus.

Petras ėjo vandeniu, bet ne todėl, kad turėjo gilų tikėjimą. Tai liudija faktas, kad jis išsigando ir ėmė skęsti, pamatęs vėjo smarkumą. Jėzus, ištiesęs ranką, sugriebė jį ir tarė: „Silpnatiki, ko suabejojai?!" Kaip jis galėjo eiti vandeniu be gilaus tikėjimo?

Negalėdamas to padaryti savo tikėjimu, Petras turėjo tikėjimą į Jėzų, Dievo Sūnų savo širdyje ir pripažino Jį, todėl tuo metu galėjo eiti vandeniu. Tai atskleidžia labai svarbią tiesą: būtina lūpomis išpažinti tikėjimą į Viešpatį ir pripažinti Jį.

Prieš eidamas vandeniu, Petras išpažino: „Viešpatie, jei čia tu, liepk man ateiti pas tave vandeniu." Žinoma, šis išpažinimas nebuvo tobulas. Jeigu Petras būtų tikėjęs į Viešpatį visa širdimi, šimtu procentų, jis būtų išpažinęs: „Viešpatie, tu viską gali. Liepk man ateiti pas tave vandeniu."

Petras neturėjo pakankamai tikėjimo tobulam išpažinimui iš širdies gelmių, todėl tarė: „Viešpatie, jei čia tu." Jis prašė patvirtinimo. Tačiau Petras vis tiek išsiskyrė iš kitų valtyje buvusių mokinių, tai sakydamas.

Jis iškart išpažino savo tikėjimą, atpažinęs Jėzų, kai kiti mokiniai šaukė iš baimės. Kai jis patikėjo, pripažino ir iš širdies gelmių išpažino, kad Jėzus yra Viešpats, Petras patyrė stebuklą, neįmanomą jo tikėjimui ir galiai, ėjimą vandeniu.

## Petras gavo dangaus raktus

Per aukščiau aprašytą patirtį Petras galų gale tobulai išpažino savo tikėjimą. Evangelijoje pagal Matą 16, 16 Petras pasakė: „Tu esi Mesijas, gyvojo Dievo Sūnus!" Tai buvo kitoks išpažinimas negu ėjimo vandeniu metu. Jėzaus tarnystės metu ne visi tikėjo Juo ir pripažino Mesiju. Kai kurie pavydėjo Jam ir bandė Jį nužudyti.

Buvo net tokių, kurie teisė ir smerkė Jį, skleidė melagingus gandus, kad Jis beprotis ir Belzebulo apsėstas, išvarinėjantis piktąsias dvasias demonų valdovo galia. Evangelijoje pagal Matą 16, 13 Jėzus klausia mokinių: „Kuo žmonės laiko Žmogaus Sūnų?" Jie atsakė: „Vieni Jonu Krikštytoju, kiti Eliju, kiti Jeremiju ar dar kuriuo iš pranašų." Blogi gandai apie Jėzų taip pat sklandė, bet mokiniai jų nesakė ir kalbėjo tik apie gerus dalykus, kad padrąsintų Jėzų.

Jėzus vėl paklausė: „O kuo jūs mane laikote?" Petras pirmas atsakė į šį klausimą. Evangelijoje pagal Matą 16, 16 jis drąsiai išpažino: „Tu esi Mesijas, gyvojo Dievo Sūnus!" Toliau cituojamose eilutėse Jėzus suteikia Petrui didį palaiminimą.

„Palaimintas tu, Simonai, Jonos sūnau, nes ne kūnas ir kraujas tai tau apreiškė, bet mano Tėvas, kuris yra danguje" (Evangelija pagal Matą 16, 17).

„Ir aš tau sakau: tu esi Petras [uola]; ant tos uolos aš pastatysiu savo Bažnyčią, ir pragaro vartai jos nenugalės. Tau duosiu dangaus karalystės raktus; ką tu suriši žemėje, bus surišta ir danguje, ir ką atriši žemėje, bus atrišta ir danguje" (Evangelija pagal Matą 16, 18-19).

Petras gavo didį palaiminimą: tapo bažnyčios pamatu ir gavo galią parodyti dvasinės erdvės dalykus šioje fizinėje erdvėje. Todėl vėliau daug stebuklingų dalykų įvyko per Petrą: luoši ėmė vaikščioti, mirusieji buvo prikelti ir tūkstančiai žmonių atgailavo po vieno jo pamokslo.

Kai Petras prakeikė Ananiją ir Sapfyrą, melavusius Šventajai Dvasiai, šie krito negyvi (Apaštalų darbai 5, 1-11). Visi šie įvykiai įvyko todėl, kad apaštalas Petras turėjo Dievo duotą galią, ir ką jis surišdavo žemėje, būdavo surišta ir danguje, ir ką atrišdavo žemėje, būdavo atrišta ir danguje.

### Nuostabaus Petro palaiminimo priežastis

Kodėl Petras gavo tokį nuostabų palaiminimą? Būdamas Jėzaus mokiniu jis matė daug Dievo galybės darbų, vykstančių per Jėzų. Žmogui negalimi dalykai vyko per Jėzų. Žmogui nepasiekiama išmintis sklido iš Jėzaus burnos. Kaip tada turėjo elgtis tikrai tikintys į Dievą ir turintys gerą širdį žmonės? Ar jie neturėjo atpažinti Jo ir galvoti: „Tai ne paprastas žmogus, bet

Dievo Sūnus, nužengęs iš dangaus"? Bet daug žmonių, matydami Jėzų tuo metu, neatpažino Jo. Aukštieji kunigai, levitai, fariziejai, Rašto aiškintojai ir kiti tautos vadai ypač nenorėjo pripažinti Jo. Vieni pavydėjo Jam ir bandė Jį nužudyti, kiti teisė ir smerkė Jį. Jėzui buvo labai gaila šių žmonių ir Jis pasakė Evangelijoje pagal Joną 10, 25-26: „Aš jums pasakiau, tik jūs netikite. Mano darbai, kuriuos aš darau savo Tėvo vardu, liudija apie mane. Bet jūs netikite, nes jūs ne manosios avys."

Net Jėzaus laikais labai daug žmonių teisė, smerkė ir bandė nužudyti Jį, tačiau Jo mokiniai, kurie nuolat Jį matė, buvo kitokie. Žinoma, ne visi mokiniai iš širdies gelmių tikėjo ir išpažino, kad Jėzus yra Dievo Sūnus ir Kristus, bet jie tikėjo ir pripažino Jėzų.

Petras tarė Jėzui: „Tu esi Kristus, gyvojo Dievo Sūnus," ir šie žodžiai nebuvo kur nors išgirsti ar jo paties sugalvoti. Jis suprato šią tiesą todėl, kad matė Dievo darbus, lydėjusius Jėzų, ir Dievas leido jam tai suprasti.

### Vykdykite Dievo žodį, jeigu tikite į Jėzų savo Gelbėtoją

Kartais žmonės sako: „Aš tikiu" tik todėl, kad kiti jiems sako, jog esame išgelbėti, tikėdami į Jėzų, ir būsime išgydyti bei palaiminti, jeigu lankysime bažnyčią. Žinoma, dažniausiai ateinate į bažnyčią pirmą kartą nepakankamai žinodami ir tikėdami. Išgirdę, kad gali būti palaiminti ir išgelbėti, jeigu lankys bažnyčią, daug kas pagalvoja: "Kodėl nepabandžius?"

Nesvarbu, dėl kokių priežasčių atėjote į bažnyčią, nes pamatę Dievo darbus, jūs niekada nebegalvosite kaip anksčiau.

Neturėdami tikėjimo turite ne sakyti, kad tikite, bet priimti Jėzų Kristų savo asmeniniu Gelbėtoju ir nešti Jį kitiems savo darbais. Mano gyvenimas visiškai pasikeitė, susitikus su gyvuoju Dievu ir priėmus Jėzų savo asmeniniu Gelbėtoju. Aš šimtu procentų širdimi įtikėjau į Dievą ir mano Gelbėtoją Jėzų. Visada pripažinau Viešpatį savo gyvenime ir klausiau Dievo žodžio. Visur pasiklioviau tik Dievu, ne savo protu, teorijomis ar nuomone. Patarlių knyga 3, 6 sako: "Pripažink jį visur, kad ir ką darytum, ir jis ištiesins tavo kelius." Kiekviename žingsnyje pripažinau Dievą, todėl Jis visada vedė mane.

Paskui ėmiau gauti nuostabius palaiminimus, panašius į Petro. Jėzus pasakė Petrui: "Ką tu suriši žemėje, bus surišta ir danguje, ir ką atriši žemėje, bus atrišta ir danguje." Dievas visada atsakė man, kai prašiau su tikėjimu.

Aš pripažinau Dievą ir atmečiau visas nedorybes pagal Dievo žodį. Kai pasiekiau tinkamą pašventinimo lygį, Dievas suteikė man savo galios. Kai dėjau rankas ant ligonių, ligos pasitraukdavo, ir jie pasveikdavo. Kai meldžiausi už turinčius šeimos ar verslo problemų, šios išsisprendė. Aš pripažinau Dievą visuose dalykuose, išpažinau savo tikėjimą ir įtikau Jam, vykdydamas Jo žodį, todėl Dievas suteikė man viską, ko trokšta mano širdis ir gausiai palaimino mane.

## Atsakymų gavimas iš Jėzaus

Biblijoje parašyta apie daug žmonių, kurie atėjo pas Jėzų, ir jų ligos bei negalios buvo išgydytos, o problemos išspręstos. Kai kurie iš jų buvo pagonys, bet dauguma žydai, kurie tikėjo į Dievą daugelį amžių.

Jie tikėjo į Dievą, bet negalėjo išspręsti savo problemų patys arba gauti atsakymų savo tikėjimu. Jie išgijo iš ligų bei negalių, ir jų problemos buvo išspręstos, kai jie atėjo pas Jėzų, įtikėję ir pripažinę Jį, parodydami tai savo darbais.

Daugybė žmonių stengėsi ateiti pas Jėzų ir net paliesti Jo drabužį, nes jie turėjo tikėjimą, kad Jėzus ne paprastas žmogus, ir jų bėdos iš karto pradings, atėjus pas Jį, nors jų tikėjimas nebuvo tobulas. Jie negalėjo gauti atsakymų ir išspręsti bėdų savo tikėjimu, bet viskas pasikeitė, kai jie įtikėję ir pripažinę Jėzų atėjo pas Jį.

O kaip jūs? Jeigu tikrai tikite į Jėzų Kristų ir sakote: „Tu esi Kristus, gyvojo Dievo Sūnus," Dievas atsakys jums, matydamas jūsų širdį. Žinoma, Kurį laiką lankančių bažnyčią žmonių tikėjimo išpažinimas turi būti kitoks negu naujatikių. Dievas reikalauja skirtingų išpažinimų lūpomis iš skirtingų žmonių pagal kiekvieno tikėjimą. Kaip skiriasi keturių metukų amžiaus vaiko ir suaugusiojo žinios, taip turi skirtis ir skirtingo tikėjimo stažo žmonių tikėjimo išpažinimas lūpomis.

Tačiau jūs negalite suprasti tiesos patys arba išgirdę iš kitų. Jumyse gyvenanti Šventoji Dvasia turi duoti jums supratimą, kurį turite išpažinti lūpomis su Šventosios Dvasios įkvėpimu.

## Atsakymų į maldas gavimas per išpažinimą lūpomis

Biblijoje daug žmonių gavo atsakymus, išpažindami savo tikėjimą. Evangelijos pagal Luką 18-ame skyriuje aklas žmogus, įtikėjęs ir pripažinęs Viešpatį, atėjo pas Jį ir išpažino: "Viešpatie, kad praregėčiau!" Jėzus tarė: "Regėk! Tavo tikėjimas išgelbėjo tave" (42-a eilutė), ir šis bemat praregėjo.

Kai jie įtikėję pripažino Jėzų ir išpažino savo tikėjimą, atėję pas Jį, Jėzus prabilo Kūrėjo balsu ir išpildė jų prašymus. Jėzus turi tą pačią galią kaip visagalis ir visažinis Dievas. Jėzui tai nusprendus, bet kokia liga ar negalia ir visos bėdos pasitraukia.

Tačiau tai nereiškia, kad Jis išsprendė visų problemas ir atsakė į visų maldas. Teisingumas neleidžia melstis už tuos ir laiminti tų, kurie netiki į Jėzų, nepripažįsta Jo ir nesidomi Juo.

Jeigu Petras, tikėdamas ir pripažindamas Viešpatį savo širdyje, nebūtų to išpažinęs lūpomis, ar Jėzus būtų suteikęs jam nuostabų palaiminimą? Jėzus palaimino Petrą, nelaužydamas teisingumo, nes Petras tikėjo bei pripažino Jėzų savo širdyje ir išpažino tai lūpomis.

Jeigu norite dalyvauti Šventosios Dvasios tarnystėje kaip Petras dėl Jėzaus, turite lūpomis išpažinti tikėjimą, kylantį iš širdies gelmių. Tikiuosi, kad greitai gausite, ko trokšta jūsų širdis, per Šventosios Dvasios įkvėptą jūsų tikėjimo išpažinimą.

Youngmi Yoo (Masan, Pietų Korėja)

# Nekviesta ir nežinoma liga

2005 metų sausio viduryje mano kairioji akis staiga ėmė blaustis, regėjimas abiem akimis pablogėjo. Daiktai atrodė neaiškūs arba beveik nematomi. Dauguma daiktų atrodė geltoni, o tiesios linijos kreivos. Pradėjau vemti, man svaigo galva.

Gydytojas tarė: „Tai Harada liga. Daiktai atrodo neaiškūs dėl mažų augliukų jūsų akyse." Jis pasakė, kad ligos priežastis dar nežinoma, ir bus sunku vaistais pagerinti regėjimą. Jei augliai didės, jie užspaus akių nervus, ir aš apaksiu. Pradėjau tirti savo širdį melsdamasi. Pajutau dėkingumą, supratusi, kad būčiau likusi savo puikybėje, jeigu ši liga nebūtų ištikusi manęs.

Kai pastoriaus dr. Jaerock Lee malda buvo transliuojama per TV, o aš laikiau skepetėlę, kurią liesdamas jis buvo meldęsis, svaigulys ir

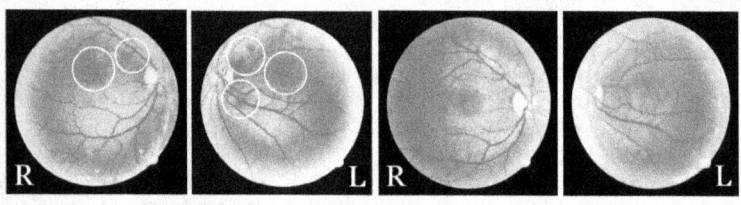

Prieš maldą  Auglių nebėra iškart po maldos

pykinimas dingo, jam tarus: „Apmirę akių nervai, atgykite! Šviesa, ateik!" Po to stebėjau visą penktadienio naktį trunkančio maldos susirinkimo transliaciją per TV, puikiai matydama. Subtitrai buvo labai ryškūs. Daiktai nebeatrodė neaiškūs. Spalvos buvo ryškios. Viskas nebeatrodė geltonos spalvos. Aleliuja!

Vasario 14 dieną nuėjau pas gydytoją, kad pagarbinčiau Dievą. Gydytojas tarė: „Nuostabu! Jūsų akys sveikos." Jis žinojo, kokia rimta buvo mano liga, ir stebėjosi akių išgijimu. Jis patvirtino, kad augliai išnyko, ir patinimas atslūgo. Jis paklausė, ar gydžiausi kitoje ligoninėje. Aš atsakiau: „Ne. Pastorius dr. Lee pasimeldė, ir Dievo galia išgydė mane."

Mano regėjimas buvo 0.8/0.25 prieš maldą, ir tapo 1.0/1.0 po

maldos. Dabar mano regėjimas 1.2 abiem akimis.

**Ištrauka iš leidinio "Nepaprasti įvykiai"**

# Ko nori, kad tau padaryčiau?

8 skyrius

> Kai Jėzus paklausė:
> 'Ko nori, kad tau padaryčiau?',
> Jis prabilo Kūrėjo balsu.

Atsakymas Kūrėjo balsu

Tikėjimas Jėzumi iš širdies gelmių

Šaukite, prašydami Dievo

Tobulas tikėjimas nesvyruoja

Nusimesk savo apsiaustą

Dievas girdi tikėjimo išpažinimą

*„Ko nori, kad tau padaryčiau?" Šis atsakė:
„Viešpatie, kad praregėčiau!"*

(Evangelija pagal Luką 18, 41-42)

Net pirmą kartą atėjusieji į bažnyčią gali išsivaduoti iš bet kokios problemos, jeigu patiki Dievu iš širdies gelmių, nes Dievas yra mūsų gerasis Tėvas, kuris nori duoti savo vaikams daug gerų dalykų, kaip parašyta Evangelijoje pagal Matą 7, 11: „Tad jei jūs, būdami nelabi, mokate savo vaikams duoti gerų daiktų, juo labiau jūsų dangiškasis Tėvas duos gera tiems, kurie jį prašo."
Dievas nustatė teisingas sąlygas atsakymams gauti todėl, kad Jo mylimi vaikai gautų gausius palaiminimus. Dievas nustatė sąlygas ne tam, kad pasakytų: „Negaliu tau duoti, ko prašai, nes tu neatitinki standartų."

Jis moko mus gauti, ko trokšta mūsų širdis, finansinių sunkumų ir šeimos problemų sprendimus bei ligų išgydymus. Tikėjimas ir paklusnumas yra svarbiausi atsakymams pagal Dievo teisingumą gauti.

### Atsakymas Kūrėjo balsu

Evangelija pagal Luką 18-ame skyriuje pasakoja apie neregį, kuris buvo išklausytas, kai Jėzus prabilo Kūrėjo balsu. Išgirdęs, kad Jėzus eina gatve, prašantis išmaldos neregys garsiai sušuko: „Jėzau, Dovydo Sūnau, pasigailėk manęs!" Ėję priešakyje draudė jį, kad tylėtų, bet tas dar garsiau šaukė: „Dovydo Sūnau, pasigailėk manęs!"

Jėzus sustojo ir liepė jį atvesti. Jam prisiartinus, Jėzus paklausė: „Ko nori, kad tau padaryčiau?" Šis tarė: „Viešpatie, kad praregėčiau!" Jėzus tarė: „Regėk! Tavo tikėjimas išgelbėjo tave." Kai tik Jėzus tai pasakė, įvyko stebuklas. Neregys bemat praregėjo. Tai matydami, visi žmonės šlovino Dievą. Jėzus tarė: „Ko nori, kad tau padaryčiau?" prabilęs Kūrėjo balsu. Neregiui tarus: „Viešpatie, kad praregėčiau!" ir Viešpačiui atsakius: „Tavo tikėjimas išgelbėjo tave", dar kartą nuskambėjo Kūrėjo balsas.

Kūrėjo balsas yra Dievo balsas, kuriuo Jis kalbėjo, kurdamas dangų ir žemę bei visa, kas juose, savo Žodžiu. Šis neregys praregėjo, nes įvykdė sąlygas atsakymui gauti, kai Jėzus prabilo Kūrėjo balsu. Dabar nuodugniai ištirkime, kaip šis neregys buvo išklausytas.

### Tikėjimas Jėzumi iš širdies gelmių

Jėzus ėjo į kaimus ir miestus, skelbė dangaus karalystės evangeliją ir patvirtino savo žodžius ženklais ir stebuklais. Luošieji ėmė vaikščioti, raupsuotieji buvo išgydyti, aklieji atgavo regėjimą, o kurtieji klausą. Nebyliai prabilo, demonai buvo išvaryti. Naujiena apie Jėzų plačiai pasklido, todėl minios sekė Jį, kur tik Jis ėjo.

Vieną dieną Jėzus ėjo į Jerichą. Kaip visada, daug žmonių sekė Jį. Neregys, gatvėje prašantis išmaldos, išgirdo einant minią ir paklausė, kas čia vyksta. Jam pasakė, „jog praeinąs Jėzus Nazarietis." Tuomet neregys nedelsdamas ėmė šaukti: „Jėzau,

Dovydo Sūnau, pasigailėk manęs!" Jis šaukė todėl, kad tikėjo, jog Jėzus atvers jam akis. Taip pat galime padaryti išvadą, jog jis tikėjo, kad Jėzus yra Gelbėtojas, nes neregys šaukė: „Jėzau, Dovydo Sūnau." Visi izraelitai žinojo, kad Mesijas kils iš Dovydo giminės. Pirmoji priežastis, dėl kurios šis neregys buvo išklausytas buvo jo tikėjimas, kad Jėzus yra Gelbėtojas. Jis neabejodamas tikėjo, kad Jėzus gali atverti jam akis. Jis buvo aklas, bet girdėjo daug naujienų apie Jėzų. Jis girdėjo, kad atsirado žmogus vardu Jėzus, turintis galią išspręsti bet kokias problemas, kurių niekas kitas negali įveikti. Laiškas romiečiams 10, 17 sako: „Tikėjimas iš klausymo". Šis neregys įgijo tikėjimą, kad praregės, atėjęs pas Jėzų. Jis patikėjo tuo, ką išgirdo, nes turėjo palyginti gerą širdį.

Taip pat ir mes lengviau įgyjame dvasinį tikėjimą, išgirdę evangeliją, jeigu turime gerą širdį. Evangelija yra „geroji naujiena", ir naujiena apie Jėzų taip pat buvo geroji naujiena. Turintys gerą širdį tiesiog priima gerąją naujieną. Pavyzdžiui, kai kas nors sako: „Aš išgydytas iš nepagydomos ligos per maldą," turintys gerą širdį džiaugiasi su juo. Net ne visai tikėdami jie galvoja: „Kaip gerai, jeigu tai tiesa."

Kuo žmonės nedoresni, tuo labiau abejoja ir netiki. Jie net teisia ir smerkia, sakydami: „Jie viską išsigalvoja, kad apgautų žmones." Jeigu jie sako, kad Šventosios Dvasios darbai yra netikri ar klastotė, tai piktžodžiavimas Šventajai Dvasiai.

Evangelijoje pagal Matą 12, 31-32 parašyta: „Sakau jums: kiekviena nuodėmė ir piktžodžiavimas bus žmonėms atleisti, bet piktžodžiavimas Dvasiai nebus atleistas. Jei kas tartų žodį prieš Žmogaus Sūnų, tam bus atleista, o kas kalbėtų prieš Šventąją Dvasią, tam nebus atleista nei šiame, nei būsimajame gyvenime."

Jeigu jūs smerkėte bažnyčią, rodančią Šventosios Dvasios darbus, turite atgailauti. Tik nuodėmės sienai tarp Dievo ir jūsų sugriuvus, jūs būsite išklausyti.

Jono pirmame laiške 1, 9 parašyta: „Jeigu išpažįstame savo nuodėmes, jis ištikimas ir teisingas, kad atleistų mums nuodėmes ir apvalytų mus nuo visų nedorybių." Jeigu turite dėl ko atgailauti, tikiuosi, kad nuoširdžiai atgailausite prieš Dievą su ašaromis ir vaikščiosite Šviesoje.

### Šaukite, prašydami Dievo

Kai neregys išgirdo, kad Jėzus eina pro šalį, tuojau ėmė šaukti: „Jėzau, Dovydo Sūnau, pasigailėk manęs!" Jis garsiai šaukėsi Jėzaus. Kodėl jis turėjo garsiai šaukti?

Pradžios knyga 3, 17 sako: „O žmogui jis tarė: 'Kadangi tu paklausei savo žmonos balso ir valgei nuo medžio, apie kurį buvau tau įsakęs: 'Nuo jo nevalgysi!' tebūna už tai prakeikta žemė; triūsu maitinsies iš jos visas savo gyvenimo dieną.'"

Kol pirmasis žmogus Adomas nevalgė nuo gero ir pikto

pažinimo medžio, žmonės galėjo valgyti, kiek norėjo, Dievo jiems parūpintą maistą. Tačiau po to, kai Adomas nepakluso Dievo žodžiui ir valgė nuo uždrausto medžio, nuodėmė įėjo į žmones, ir mes tapome kūniškais žmonėmis. Nuo to laiko turime triūsu maitintis iš žemės.

Tai Dievo nustatytas teisingumas. Todėl tik savo veido prakaitu gauname atsakymus iš Dievo. Kitaip tariant, turime triūsti maldoje visa savo širdimi, protu ir siela bei šauktis Dievo, kad būtume išklausyti.

Jeremijo knygoje 33, 3 parašyta: „Šaukis manęs, ir aš atsiliepsiu! Pasakysiu tau nuostabių dalykų, paslapčių, kurių nežinojai." Evangelija pagal Luką 22, 44 sako: „Mirtino sielvarto apimtas, jis dar karščiau meldėsi. Jo prakaitas pasidarė tarsi tiršto kraujo lašai, varvantys žemėn."

Evangelijos pagal Joną 11-ame skyriuje, kai Jėzus prikėlė Lozorių, kuris buvo miręs keturias dienas, Jis galingu balsu sušuko: „Lozoriau, išeik!" (Evangelija pagal Joną 11, 43). Kai Jėzus išliejo visą vandenį ir kraują, iškvėpdamas savo paskutinį kvapą ant kryžiaus, Jis galingu balsu sušuko: „Tėve, į tavo rankas atiduodu savo dvasią." (Evangelija pagal Luką 23, 46).

Jis atėjo į šią žemę žmogaus kūne, todėl net neturėdamas nuodėmės Jėzus šaukė garsiu balsu, nes tai buvo pagal Dievo teisingumą. Kaip tuomet mes, Dievo kūriniai, galime sėdėti ir ramiai melstis, garsiai nesišukdami Dievo, kad gautume žmogui neišsprendžiamų problemų sprendimus? Antroji priežastis, dėl kurios neregys buvo išklausytas, buvo jo garsus šauksmas, atitinkantis Dievo teisingumą.

Jokūbas gavo palaiminimą iš Dievo, kai meldėsi, kol jam išsinarino šlaunis (Pradžios knyga 32, 24-30). Lietus pasipylė po trejų su puse metų sausros, kai Elijas karštai meldėsi, priglaudęs veidą prie kelių, (Karalių pirma knyga 18, 42-46). Mes greitai būname išklausyti, kai sujaudiname Dievo širdį, melsdamiesi iš visų jėgų su tikėjimu ir meile.

Šauktis Dievo maldoje nereiškia, kad turime įkyriai rėkti. Galite daugiau sužinoti apie tinkamus maldos ir atsakymų iš Dievo gavimų būdus knygoje „Budėkite ir melskitės".

**Tobulas tikėjimas nesvyruoja**

Kai kas sako: „Dievas mato žmogaus širdies gelmes, todėl nereikia garsiai šauktis Jo maldoje." Tačiau tai netiesa. Neregiui buvo griežtai liepta tylėti, bet šis šaukė dar garsiau.

Jis nepakluso žmonėms, liepusiems jam tylėti, bet šaukė dar garsiau pagal Dievo teisingumą ir dar aistringiau. Jo tikėjimas šią akimirką buvo tobulas, nesikeičiantis. Trečioji priežastis, dėl kurios jis buvo išklausytas, buvo jo tikėjimas, nesikeičiantis jokiose aplinkybėse.

Jeigu neregys, žmonėms jį sudraudus, būtų įsižeidęs arba nutilęs, nebūtų atgavęs regėjimo. Tačiau jis turėjo tvirtą tikėjimą, kad praregės, kai susitiks Jėzų, todėl nepaisė jokių žmonių draudimų. Neregys žinojo, kad dabar ne laikas rodyti savo išdidumą, ir nepabūgo jokių sunkumų. Jis garsiai šaukė ir galų gale buvo išklausytas.

Evangelijos pagal Matą 15-as skyrius pasakoja apie kanaanietę, kuri su nuolankia širdimi atėjo pas Jėzų ir buvo išklausyta. Kai Jėzus ėjo į Tyrą ir Sidoną, atėjo viena moteris ir prašė Jo išvaryti demoną, apsėdusį jos dukterį. Ką Jėzus atsakė? Jis tarė: „Nedera imti vaikų duoną ir mesti šunyčiams." Vaikai reiškė Izraelio tautą, o moteris – šunytį.

Paprasti žmonės būtų įsižeidę dėl šios replikos ir pasišalinę, bet ši moteris buvo kitokia. Ji nuolankiai prašė malonės: „Taip, Viešpatie, bet ir šunyčiai ėda trupinius, nukritusius nuo šeimininko stalo." Jėzus susijaudino ir tarė: „O moterie, didis tavo tikėjimas! Tebūnie tau, kaip prašai." Jos duktė buvo akimirksniu išgydyta. Moteris buvo išklausyta, nes atmetė visą savo išdidumą ir visiškai nusižemino.

Tačiau daug žmonių, atėję pas Dievą išspręsti didelę problemą, atsitraukia arba nepasitiki Dievu tik dėl to, kad kokia nors smulkmena užgauna juos. Jeigu jie turėtų tikėjimą, kad Dievas išspręs bet kokią problemą, su nuolankia širdimi atkakliai prašytų Dievo malonės.

## Nusimesk savo apsiaustą

Kai Jėzus nuėjo į Jerichą, Jis atvėrė neregiui akis, ir Evangelijoje pagal Morkų 10, 46-52 parašyta, kad Jėzus atvėrė akis kitam neregiui vardu Bartimiejus. Jis taip pat garsiai šaukė, išgirdęs, kad Jėzus eina pro šalį. Jėzus liepė žmonėms pašaukti jį, ir turime atkreipti dėmesį į tai, ką šis padarė. Evangelijoje pagal Morkų 10, 50 parašyta: „Tasai, nusimetęs apsiaustą, pašoko ir pribėgo prie Jėzaus". Tai priežastis, dėl kurios jis buvo išklausytas: jis nusimetė apsiaustą ir pribėgo prie Jėzaus.

Kokia dvasinė prasmė slypi apsiausto nusimetime, kuris yra viena iš atsakymo gavimo iš Dievo sąlygų? Elgetos apsiaustas tikriausiai buvo purvinas ir dvokiantis. Tačiau tai buvo vienintelė elgetos nuosavybė, saugojusi jo kūną. Tačiau Bartimiejus turėjo gerą širdį ir negalėjo ateiti pas Jėzų su savo purvinu ir dvokiančiu apsiaustu.

Jėzus, kurį jis ruošėsi susitikti, buvo labai šventas ir švarus žmogus. Neregys žinojo, kad Jėzus buvo labai geras žmogus, dalinantis malonę žmonėms, gydantis juos ir dovanojantis viltį vargšams bei ligoniams. Bartimiejus klausė savo sąžinės balso, todėl negalėjo ateiti pas Jėzų su savo purvinu ir dvokiančiu apsiautu. Jis paklausė sąžinės balso ir nusimetė apsiaustą.

Bartimiejus, prieš gaudamas Šventąją Dvasią, išgirdo savo geros sąžinės balsą ir paklusio jam. Kitaip tariant, jis iš karto nusimetė savo brangiausią turtą, apsiaustą. Kita dvasinė apsiausto prasmė yra mūsų širdis, purvina ir dvokianti. Tai širdis, sutepta melu, išdidumu, puikybe ir kitais nešvarumais.

Tai reiškia, kad norėdami susitikti Dievą, kuris yra šventas, turime nusimesti visas purvinas ir dvokiančias nuodėmes, kurios yra kaip nešvarus elgetos apsiaustas. Jeigu tikrai norite gauti atsakymą, turite klausyti Šventosios Dvasios balso, kai jis primena jūsų praeities nuodėmes, ir atgailauti už kiekvieną iš jų. Turite nedvejodami paklusti Šventosios Dvasios balsui kaip Bartimiejus.

### Dievas girdi tikėjimo išpažinimą

Jėzus pagaliau atsakė neregiui, kuris prašė su tikru tikėjimu. Jėzus paklausė jo: „Ko nori, kad tau padaryčiau?" Ar Jėzus nežinojo, ko neregys norėjo? Žinoma, žinojo, bet vis tiek paklausė todėl, kad išgirstų tikėjimo išpažinimą. Dievo teisingumas reikalauja tikėjimo išpažinimo lūpomis, kad gautume konkretų atsakymą.

Jėzus paklausė neregio: „Ko nori, kad tau padaryčiau?", nes šis turėjo įvykdyti praregėjimo sąlygas. Kai neregys atsakė: „Rabuni, kad praregėčiau!", jis buvo išklausytas. Lygiai taip pat ir mes, tik įvykdę visas sąlygas pagal Dievo teisingumą, gausime viską, ko prašome.

Ar girdėjote pasaką apie stebuklingą Aladino žibintą? Jeigu

patrini žibintą tris kartus, milžinas išlenda iš žibinto ir įvykdo tris tavo norus. Tai žmonių sukurta pasaka, bet mes turime daug stebuklingesnį ir galingesnį norų išsipildymo raktą. Evangelijoje pagal Joną 15, 7 Jėzus pasakė: „Jei pasiliksite manyje ir mano žodžiai pasiliks jumyse, jūs prašysite, ko tik norėsite, ir bus jums suteikta."

Ar jūs tikite Dievo Tėvo, kuris yra visagalis, galybe? Tuomet tiesiog pasilikite Viešpatyje ir leiskite Žodžiui pasilikti jumyse.

Viliuosi, kad jūs būsite viena su Viešpačiu per tikėjimą bei paklusnumą ir drąsiai išpažinsite savo troškimus bei būsite išklausyti, Kūrėjo balsui skambant.

Ponia Akiyo Hirouchi (Maizuru, Japonija)

# Mano anūkės prieširdžių pertvaros defektas buvo išgydytas!

2005 metų pradžioje dvynukės gimė mūsų šeimoje. Tačiau po trijų mėnesių antroji iš dvynukių pradėjo sunkiai kvėpuoti. Jai buvo diagnozuotas prieširdžių pertvaros defektas – 4, 5 mm skylutė. Ji negalėjo nulaikyti galvytės ir nepajėgė čiulpti pieno. Ji buvo maitinama vamzdeliu per nosį.
Padėtis buvo kritiška, ir pediatras iš Kioto universitetinės ligoninės atvyko į Maizuru valstybinę ligoninę. Kūdikis buvo per silpnas perkėlimui į universitetinę ligoninę, kuri buvo toli. Mergaitė turėjo būti gydoma vietos ligoninėje.
Pastorius Keontae Kim iš Osakos ir Maizuru Manmin bažnyčios meldėsi už ją, uždėjęs skepetėlę, už kurią meldėsi pastorius Jaerock Lee. Taip pat jis nusiuntė maldos prašymą į pagrindinę bažnyčią Seule kartu su vaikelio nuotrauka.
Aš negalėjau dalyvauti maldos susirinkime per internetą, todėl mes

įrašėme penktadienio nakties maldos susirinkimą Manmin centrinėje bažnyčioje 2005 metų birželio 10 dieną, ir pastorius Lee meldėsi už visą mūsų šeimą:

„Tėve Dieve, išgydyk ją, peržengdamas erdvę ir laiką. Uždėk savo rankas ant Miki Yuna, Hirouchi Akiyo anūkės, Japonijoje. Prieširdžių pertvaros defekte, pasitrauk! Būk sudegintas Šventosios Dvasios ugnimi ir išgydytas!"

Kitą dieną, birželio 11-ąją, įvyko nuostabus dalykas. Mergytė negalėjo kvėpuoti pati, bet jai staiga pagerėjo, ir buvo galima atjungti dirbtinio kvėpavimo aparatą.

„Tai stebuklas, kad kūdikis taip greitai pasveiko!" – gydytojas buvo apstulbęs.

Paskui kūdikis ėmė puikiai augti. Ji svėrė tik 2,4 kg, bet praėjus dviem mėnesiams po maldos, jos svoris buvo 5 kg! Jos verksmas taip pat tapo daug garsesnis. Tapusi tiesiogine šio stebuklo liudininke aš įstojau į Manmin centrinę bažnyčią 2005 metų rugpjūtį. Supratau, kad Jis suteikė dievišką išgydymą, žinodamas, kad įtikėsiu į Jį per šį stebuklą.

Per šią malonę uoliai siekiau Manmin bažnyčios įkūrimo Maizuru mieste. Praėjus trejiems metams po jos įkūrimo, bažnyčios nariai ir aš suaukojome Dievui pakankamai puikiam bažnyčios pastatui įsigyti. Šiandien atlieku daug savanoriškų darbų Dievo karalystei. Esu dėkinga ne tik už anūkės išgydymo malonę, bet ir už Dievo malonę, vedančią mane tikrojo gyvenimo keliu.

Ištrauka iš leidinio „Nepaprasti įvykiai"

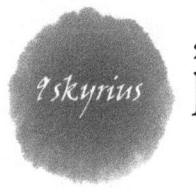# „Tebūnie tau, kaip įtikėjai"

*9 skyrius*

> Kūrėjo balsas, sklindantis
> iš Jėzaus burnos,
> apima visą žemę
> ir pasiekia pasaulio pakraščius,
> parodydamas Jo galybę,
> pranokstančią laiką ir erdvę.

Visi kūriniai paklūsta Kūrėjo balsui

Žmonės nebegali išgirsti Kūrėjo balso

Priežastis, dėl kurios žmonės negauna atsakymų

Šimtininkas turėjo gerą širdį

Šimtininkas patyrė stebuklą, peržengiantį laiką ir erdvę

Galingi darbai, pranokstantys laiką ir erdvę

*„Šimtininkui Jėzus tarė: 'Eik, tebūnie tau, kaip įtikėjai!' Ir tą pačią valandą tarnas pagijo."*

(Evangelija pagal Matą 8, 13)

Atsidūrę kančiose ir sunkumuose, kai atrodo nebėra išeities, daug žmonių mano, kad Dievas nutolo arba nusigręžė nuo jų. Kai kurie net ima abejoti: „Ar Dievas žino, kad aš čia? Ar Jis girdi mano maldas?" Jie neturi tvirto tikėjimo visagaliu ir visažiniu Dievu.

Dovydas patyrė daugybę sunkumų savo gyvenime, tačiau išpažino: „Jei į dangų užžengčiau, tu esi ten, jei Šeole pasikločiau guolį, tu esi ten. Jei įgyčiau aušros sparnus ir įsikurčiau prie tolimųjų jūros pakraščių, net ten mane vedžios tavo ranka ir tvirtai laikys tavo dešinė " (Psalmynas 139, 8-10).

Dievas valdo visą visatą ir visa, kas yra joje, pranokdamas laiką ir erdvę, todėl fizinis atstumas, kurį žmonės jaučia, Dievui visiškai nieko nereiškia.

Izaijo knygoje 57, 19 parašyta: „Aš, Kūrėjas, sukuriu lūpų vaisių. Ramybė, ramybė tolimiems ir artimiems! sako VIEŠPATS, aš jį pagydysiu!" „Aš sukuriu lūpų vaisių" reiškia, kad Dievo duotas žodis tikrai bus įvykdytas, kaip pasakyta Skaičių knygoje 23, 19.

Izaijo knygoje 55, 11 taip pat parašyta: „Taip ir žodis, išeinantis iš mano burnos, nesugrįš pas mane bergždžias, bet įvykdys tai, ko trokštu, ir atliks, kam buvo siųstas."

### Visi kūriniai paklūsta Kūrėjo balsui

Dievas Kūrėjas sukūrė visus dangus ir žemę savo balsu. Viskas, kas buvo sukurta Kūrėjo balsu, paklūsta Jo balsui, net ir negyvi daiktai. Pavyzdžiui, šiandien turime balso atpažinimo įtaisus, reaguojančius tik į konkretų balsą. Panašiai Kūrėjo balsas įrašytas visame, kas yra visatoje, todėl viskas paklūsta žodžiui, ištartam Kūrėjo balsu.

Jėzus, kuris turi Dievo prigimtį, taip pat prabildavo Kūrėjo balsu. Evangelija pagal Morkų 4, 39 sako: „Atbudęs jis sudraudė vėją ir įsakė ežerui: 'Nutilk, nurimk!' Tuoj pat vėjas nutilo, ir pasidarė visiškai ramu." Net jūra ir vėjas, kurie neturi ausų ir gyvybės paklūsta Kūrėjo balsui. Ką tuomet turime daryti mes, žmonės, turintys ausis ir protą? Akivaizdu, kad paklusti. Tačiau kodėl žmonės nepaklūsta?

Tarkime, kad turime šimtą balso atpažinimo įtaisų. Savininkas nustato juos veikti, išgirdus balsą, sakantį „Taip". Tačiau kas nors pakeičia 40 įtaisų nustatymą, kad šie veiktų, išgirdę balsą, sakantį „Ne". Tuomet šie 40 įtaisų niekada neveiks, kai savininkas sakys „Taip". Labai panašiai, po Adomo nuodėmės žmonės nebegirdi Kūrėjo balso.

### Žmonės nebegali išgirsti Kūrėjo balso

Adomas buvo sukurtas gyva dvasia ir girdėjo Dievo žodį bei pakluso tik jam, tiesai. Dievas Tėvas mokė Adomą tik dvasinio pažinimo, kuris buvo tiesos žodžiai, bet kadangi davė Adomui laisvą valią, šis galėjo nuspręsti paklusti tiesai arba nepaklusti. Dievui nereikėjo vaiko-roboto, kuris visada besąlygiškai klauso. Ji norėjo turėti vaikų, kurie savo noru paklūsta Jo žodžiui ir myli Jį iš visos širdies. Tačiau, ilgam laikui praėjus, Adomas buvo šėtono gundomas ir nepakluso Dievo žodžiui.

Laiške romiečiams 6, 16 parašyta: „Argi nežinote, kad, pasiduodami kam nors vergiškai tarnauti, jūs iš tiesų tampate vergais to, kurio klausote, ar tai būtų nuodėmė, vedanti į mirtį, ar klusnumas, vedantis į teisumą?" Kaip parašyta, Adomo palikuonys dėl šio maišto tapo nuodėmės ir šėtono vergais.

Dabar jiems buvo lemta galvoti, kalbėti ir elgtis, kaip šėtonas juos kurstė, jie darė nuodėmę po nuodėmė ir galų gale įpuolė į mirtį. Tačiau Jėzus atėjo į šią žemę pagal Dievo apvaizdą. Jis mirė kaip permaldavimas, kad atpirktų visus nusidėjėlius, ir prisikėlė.

Laiškas romiečiams 8, 2 sako: „Juk gyvybę teikiančios Dvasios įstatymas Kristuje Jėzuje išvadavo tave iš nuodėmės ir mirties įstatymo." Kaip pasakyta, širdimi tikintys į Jėzų Kristų ir vaikštantys Šviesoje nebėra nuodėmės vergai.

Tai reiškia, kad jiems grąžintas gebėjimas išgirsti Dievo Kūrėjo balsą per tikėjimą į Jėzų Kristų. Todėl, kas girdi jį ir paklūsta jam, gauna viską, ko prašo.

### Priežastis, dėl kurios žmonės negauna atsakymų

Kai kas gali pasakyti: „Aš tikiu į Jėzų Kristų ir gavau nuodėmių atleidimą, tai kodėl nesu išgydytas?" Tuomet užduosiu klausimą: kokiu mastu jūs paklusote Dievo žodžiui, užrašytam Biblijoje?

Ar išpažindami tikėjimą į Dievą jūs nemylėjote pasaulio, neapgaudinėjote kitų ir nedarėte blogų darbų kaip netikintys žmonės? Ar šventėte visus sekmadienius, atnešėte Dievui visas dešimtines ir paklusote visiems Dievo įsakymams, kurie sako

mums, ką daryti ir ko nedaryti, ko laikytis ir ką atmesti.
Jeigu galite tvirtai atsakyti „taip" į visus aukščiau pateiktus klausimus, gausite viską, ko prašote. Net jeigu atsakymas vėluoja, jūs dėkosite iš širdies gelmių ir nedvejodami pasikliausite Dievu. Jeigu parodysite tokį tikėjimą, Dievas tikrai išklausys jus. Jis prabils Kūrėjo balsu: „Tebūnie tau, kaip įtikėjai," ir viskas įvyks pagal jūsų tikėjimą.

## Šimtininkas turėjo gerą širdį

Evangelijos pagal Matą aštuntas skyrius pasakoja apie Romos šimtininką, kuris buvo išklausytas per tikėjimą. Kai jis atėjo pas Jėzų, jo tarno liga buvo išgydyta, Jėzui prabilus Kūrėjo balsu.

Tais laikais Izraelis buvo Romos imperijos valdžioje. Romos kariuomenės karininkai buvo tūkstantininkai, šimtininkai, penkiasdešimtininkai ir dešimtininkai. Jų rangas priklausė nuo valdomų kareivių skaičiaus. Vienas iš karininkų, valdantis šimtą kareivių, gyveno Izraelio mieste Kafarnaume. Jis buvo girdėjęs apie Jėzų, mokiusį meilės, gerumo ir gailestingumo.

Jėzus moko Evangelijoje pagal Matą 5, 38-39: „Jūs esate girdėję, jog buvo pasakyta: Akis už akį ir dantis už dantį. O aš jums sakau: nesipriešink piktam [žmogui], bet jei kas tave užgautų per dešinį skruostą, atsuk jam ir kitą."

Evangelijoje pagal Matą 5, 43-44 Jis sako: „Jūs esate girdėję, jog buvo pasakyta: Mylėk savo artimą ir nekęsk priešo. O aš jums sakau: mylėkite savo priešus ir melskitės už savo persekiotojus."

Geros širdies žmonės susijaudina, girdėdami šiuos žodžius apie gerumą.

Tačiau šimtininkas girdėjo, kad Jėzus ne tik mokė gerumo, bet ir darė žmogui neįmanomus ženklus bei stebuklus. Sklido naujienos, kad raupsuotieji, laikyti prakeiktais, išgydomi, aklieji praregi, nebyliai prabyla, ir kurtieji ima girdėti. Be to, raišieji bei luošieji pradėdavo vaikščioti ir šokinėti. Šimtininkas tikėjo tuo, ką girdėjo.

Tačiau skirtingi žmonės skirtingai vertino šias naujienas apie Jėzų. Vieni žmonės, matydami Dievo darbus, nieko nesuprato. Vadovaudamiesi savo susikurtais tikėjimo rėmais, užuot priėmę ir tikėję, jie teisė ir smerkė.

Fariziejai ir Rašto aiškintojai buvo šio tipo žmonės. Evangelijoje pagal Matą 12, 24 parašyta, kad jie net apie Jėzų sakė: „Jis išvaro demonus ne kitaip, kaip tik demonų valdovo Belzebulo galia." Jie kalbėjo piktus žodžius iš savo dvasinių dalykų neišmanymo.

Kito tipo žmonės tikėjo, kad Jėzus yra vienas iš didžiųjų pranašų, ir sekė Juo. Pavyzdžiui, kai Jėzus prikėlė jaunuolį iš numirusių, jie kalbėjo: „'Didis pranašas atsirado tarp mūsų' ir: 'Dievas aplankė savo tautą'" (Evangelija pagal Luką 7, 16).

Treti buvo žmonės, kurie širdimi suprato ir tikėjo, kad Jėzus yra Dievo Sūnus, atėjęs į šią žemę tapti visų žmonių Gelbėtoju. Aklo gimusio žmogaus akys atsivėrė, kai šis sutiko Jėzų. Išgydytasis tarė: „Nuo amžių negirdėta, kad kas būtų atvėręs aklo gimusio akis! Jei šitas nebūtų iš Dievo, jis nebūtų galėjęs nieko panašaus padaryti" (Evangelija pagal Joną 9, 32-33).

Jis suprato, kad Jėzus atėjo, būdamas Išganytojas, todėl

išpažino: „Tikiu, Viešpatie!" ir pagarbino Jėzų. Panašiai ir kiti, turintys gerą širdį bei atpažįstantys gėrį, suprato, kad Jėzus yra Dievo Sūnus, vien pamatę Jėzaus darbus.

Evangelijoje pagal Joną 14, 11 Jėzus pasakė: „Tikėkite manimi, kad aš esu Tėve ir Tėvas manyje. Tikėkite bent dėl pačių darbų!" Jeigu būtumėte gyvenę Jėzaus laikais, kokiam tipui žmonių priskirtumėte save?

Šimtininkas buvo vienas iš trečiojo tipo žmonių. Jis patikėjo naujienomis apie Jėzų, kaip girdėjo, ir atėjo pas Jį.

### Šimtininkas patyrė stebuklą, peržengiantį laiką ir erdvę

Kodėl šimtininkas gavo atsakymą į savo prašymą iš karto, kai išgirdo Jėzaus žodžius: „Tebūnie tau, kaip įtikėjai"?

Šimtininkas visa širdimi pasitikėjo Jėzumi. Jis buvo pasiruošęs padaryti viską, ką Jėzus lieps, bet svarbiausia tai, kad šimtininkas atėjo pas Jėzų su tikra meile sieloms.

Evangelijoje pagal Matą 8, 6 parašyta: „Viešpatie, mano tarnas guli namie paralyžiuotas ir baisiai kankinasi." Šis šimtininkas atėjo pas Jėzų ne dėl savo tėvų, giminaičių ar vaikų, bet dėl savo tarno. Jis priėmė tarno skausmą kaip savo ir atėjo pas Jėzų, kaip Jėzaus galėjo nesujaudinti jo gera širdis?

Paralyžius yra sunkus sveikatos sutrikimas, kuris sunkiai pasiduoda gydymui, net naudojant naujausius medicinos pasiekimus. Visiškai paralyžiuotas žmogus negali judinti kojų ir rankų, jam reikia kitų pagalbos. Kiti turi jį prausti, valgydinti ir perrenginėti.

Jei liga trunka ilgą laiką, būna labai sunku rasti žmogų, kuris ištikimai rūpintųsi ligoniu su meile ir gailestingumu, kaip sena korėjiečių patarlė sako: „Nėra ištikimų sūnų, ilgai ligai ištikus." Nedaug žmonių pajėgia mylėti savo šeimos narius kaip save pačius.

Tačiau kartais, kai visa šeima karštai ir su meile meldžiasi už savo mylimuosius, mirštantieji pasveiksta, ir labai sunkios bėdos pasitraukia. Malda ir meilės darbai sujaudina Dievo Tėvo širdį, ir Jis parodo meilę, pranokstančią Jo teisingumą.

Šimtininkas nesvyruodamas tikėjo, kad Jėzus gali išgydyti jo tarno paralyžių. Jis kreipėsi į Jėzų ir buvo išklausytas.

Kita priežastis, dėl kurios šimtininkas gavo Dievo atsakymą, buvo parodytas tobulas tikėjimas ir noras visiškai paklusti Jėzui.

Jėzus matė, kad šimtininkas mylėjo savo tarną kaip save patį, ir tarė jam: „Einu išgydysiu jį," bet šimtininkas Evangelijoje pagal Matą 8, 8 atsakė: „Viešpatie, nesu vertas, kad užeitum po mano stogu, bet tik tark žodį, ir mano tarnas pasveiks."

Dauguma žmonių būtų labai laimingi, jeigu Jėzus ateitų į jų namus. Tačiau šimtininkas drąsiai ištarė aukščiau pacituotus žodžius, nes turėjo tikrą tikėjimą.

Jis buvo nusistatęs besąlygiškai paklusti viskam, ką Jėzus sakys. Tai akivaizdu iš jo žodžių Evangelijoje pagal Matą 8, 9: „Juk ir aš, pats būdamas valdinys, turiu sau pavaldžių kareivių. Taigi sakau vienam: 'Eik!' ir jis eina; sakau kitam: 'Ateik čionai!' ir jis ateina; sakau tarnui: 'Daryk tai!' ir jis daro." Tai išgirdęs Jėzus nustebo ir tarė savo sekėjams: „Iš tiesų sakau jums: niekur Izraelyje neradau tokio tikėjimo!" Lygiai taip pat, jeigu jūs darote tai, ką Dievas liepia mums daryti, ir nedarote to, ko Dievas liepia nedaryti, bei laikotės, ko Jis liepia laikytis, ir atmetate tai, ką Dievas liepia atmesti, galite su pasitikėjimu prašyti Dievo, ko tik norite. Jono pirmas laiškas 3, 21-22 sako: „Mylimieji, jei širdis mūsų nesmerkia, mes pasitikime Dievu ir gauname iš jo, ko prašome, nes laikomės jo įsakymų ir darome, kas jam patinka."

Šimtininkas turėjo tobulą tikėjimą Jėzaus, gydančio savo žodžiu, galia. Jis buvo Romos imperijos šimtininkas, tačiau nusižemino ir troško visiškai paklusti Jėzui. Jo troškimas buvo įvykdytas dėl šių priežasčių.

Jėzus pasakė šimtininkui Evangelijoje pagal Matą 8, 13: „Eik, tebūnie tau, kaip įtikėjai!", ir tarnas tą pačią akimirką pasveiko.

Kai Jėzus prabilo Kūrėjo balsu, erdvę ir laiką pranokstantis atsakymas buvo duotas pagal šimtininko tikėjimą.

### Galingi darbai, pranokstantys laiką ir erdvę

Psalmynas 19, 5 sako: „... bet žinia skamba visoje žemėje, jų žodžiai girdėti iki pat pasaulio pakraščių." Kaip pasakyta, Kūrėjo balsas, išėjęs iš Jėzaus burnos, siekė pasaulio pakraščius, ir Dievo galia veikė, nepaisydama fizinio nuotolio.

Kūrėjo balsas pranoksta ir laiką. Todėl net praėjus tam tikram laiko tarpui, ištartas žodis atlieka savo darbą, kai mūsų indas būna pasiruošęs priimti atsakymą.

Labai daug Dievo galybės darbų, pranokstančių laiką ir erdvę, vyksta šioje bažnyčioje. 1999 metais mergaitės iš Pakistano sesuo atėjo pas mane su savo sesers Sintijos nuotrauka. Sintija buvo prie mirties nuo žarnyno nepraeinamumo ir celiakijos. Gydytoja pasakė, kad net chirurginė operacija teikia mažai vilčių. Vyresnioji Sintijos sesuo atvyko pas mane su savo sesutės nuotrauka, prašydama maldos. Man pasimeldus už Sintiją, ši labai greitai pasveiko.

2003 metų spalio mėnesį mūsų bažnyčios pastoriaus padėjėjo žmona atėjo pas mane su savo brolio nuotrauka, prašydama pasimelsti. Jos brolis sirgo trombocitų kiekio sumažėjimu kraujyje. Kraujo buvo jo šlapime, išmatose, akyse, nosyje, burnoje, plaučiuose ir viduriuose. Jis laukė mirties, tačiau, kai pasimeldžiau, uždėjęs rankas ant jo nuotraukos, trombocitų kiekis greitai padidėjo, ir jis labai greit pasveiko.

Šie laiką ir erdvę pranokstantys darbai įvyko, vykstant Rusijos evangelizacinei kampanijai Sankt Peterburge, 2003 metų lapkritį. Kampanija buvo transliuojama per 12 palydovų daugiau negu į 150 šalių Rusijoje, Europoje, Azijoje, Šiaurės ir Lotynų Amerikoje, įskaitant Indiją, Filipinus, Australiją, Jungtines Valstijas, Hondūrą ir Peru. Taip pat tiesioginė transliacija į didelius ekranus vyko keturiuose Rusijos miestuose ir Kijeve, Ukrainoje.

Žmonės, dalyvavę susirinkimuose prie didelių ekranų ir žiūrėję per TV namuose, klausęsi pamokslo ir priėmę maldą su tikėjimu, buvo išgydyti tuo pat metu ir siuntė mums liudijimus elektroniniu paštu ir kitomis priemonėmis. Nors jie buvo ne vienoje fizinėje vietoje, nuskambėjęs Kūrėjo balsas veikė juos, nes visi buvo toje pačioje dvasinėje erdvėje.

Jeigu turite tikrą tikėjimą ir norą paklusti Dievo žodžiui, parodykite tikrus meilės darbus kaip šimtininkas ir tikėkite Dievo galybe, pranokstančia laiką ir erdvę, kad gyventumėte palaimintą gyvenimą ir gautumėte viską, ko prašote.

Dviejų savaičių trukmės prabudimo susirinkimuose, kurie buvo rengiami 12 metų, nuo 1993 m. iki 2004 m., žmonės buvo išgydyti iš įvairiausių ligų ir išvaduoti iš visokių gyvenimo problemų. Kiti buvo atvesti į išgelbėjimo kelią. Tačiau Dievas liepė mums nutraukti šiuos renginius po 2004 metų susirinkimo. Tai buvo prieš dar didesnį šuolį į priekį.

Dievas leido man pasinerti į naujas dvasines studijas ir ėmė aiškinti man skirtingas dvasinės karalystės dimensijas. Iš pradžių nieko negalėjau suprasti. Terminai buvo visiškai nauji. Tačiau aš paklusau ir pradėjau mokytis juos, tikėdamas, kad vieną dieną suprasiu.

Maždaug prieš 30 metų gavau galią iš Dievo per daug maldų ir pasninkavimą, kuriuos atnašavau Dievui, tapęs pastoriumi. Kovojau su didžiuliu karščiu ir stingdančiu šalčiu, pasninkaudamas ir melsdamasis Dievui po 10, 21 ir 40 dienų.

Tačiau dvasinės gelmės, kurias Dievas atskleidė man, buvo nepalyginamai skausmingesnės už mano pastangas. Turėjau suprasti niekada negirdėtus dalykus ir melstis kaip Jokūbas prie Jaboko upės, kol supratau juos.

Be to, man teko iškęsti įvairias kūno būsenas. Kaip astronautai turi daug treniruotis, kad prisitaikytų prie gyvenimo kosmose, įvairūs dalykai vyko mano kūne, kol pasiekiau dimensiją, kurią Dievas man paskyrė.

Tačiau savo meile bei tikėjimu į Dievą įveikiau visas sunkias akimirkas ir įgijau dvasinį pažinimą apie Tėvo Dievo kilmę, meilės ir teisingumo įstatymą bei daug kitų dalykų.

Be to, kai artėjau prie Dievo man skirtos dimensijos, galingi darbai vyko vis dažniau. Bažnyčios nariai daug greičiau sulaukdavo palaiminimų bei dieviškų išgydymų. Liudijimų skaičius augo kiekvieną dieną.

Dievas nori įvykdyti savo apvaizdą paskutiniais laikais su aukščiausia ir didingiausia galia, kurios žmonės negali net įsivaizduoti. Jis suteikė šią galią tam, kad Didžioji šventykla būtų pastatyta kaip išgelbėjimo laivas, skelbiantis Dievo šlovę, ir kad evangelija būtų grąžinta Izraeliui.

Skelbti evangeliją Izraelyje labai sunku. Ten draudžiami krikščionių susirinkimai. Skelbti gerąją naujieną ten įmanoma tik su milžiniška Dievo galybe, sukrečiančia pasaulį. Mūsų bažnyčia gavo pareigą skelbti evangeliją Izraelyje.

Tikiuosi, jūs suprasite, kad labai greitai Dievas įvykdys savo paskutiniųjų laikų planus, kad puošitės kaip Viešpaties nuotakos, ir viskas jums seksis, kaip sekasi jūsų sielai.

*Biblijos pavyzdžiai III*

# Dievo, turinčio ketvirtąjį dangų, galia

Ketvirtasis dangus yra išskirtinė Dievo Kūrėjo erdvė. Tai Dievo Trejybės vieta, kur viskas įmanoma. Daiktai kuriami iš nieko. Ką Dievas sumano savo širdyje, tas įvyksta. Net kieti daiktai gali virsti skysčiu arba dujomis. Erdvė, turinti šias savybes, vadinasi „ketvirtosios dimensijos erdve".

Darbai, naudojantys ketvirtosios dimensijos dvasinę erdvę, yra kūrimo, gyvybės bei mirties valdymo, išgydymo ir kiti darbai, pranokstantys laiką ir erdvę. Dievo, turinčio ketvirtąjį dangų, galybė šiandien veikia taip pat kaip ir vakar.

## 1. Kūrimo darbai

Kūrimo darbas yra kokio nors niekada neegzistavusio dalyko sukūrimas. Kūrimo darbas vyko, kai pradžioje Dievas sukūrė visus dangus ir žemę bei visa, kas juose, savo Žodžiu. Dievas gali parodyti kūrimo darbus, nes Jis turi ketvirtąjį dangų.

### Jėzaus padaryti kūrimo darbai

Vandens pavertimas vynu Evangelijos pagal Joną antrame skyriuje, yra kūrimo darbas. Jėzus buvo pakviestas į vestuvių puotą, kurioje vynas pasibaigė. Marija apgailestavo dėl šios įvykio ir paprašė Jėzaus padėti. Iš pradžių Jėzus atsisakė, bet Marija neprarado tikėjimo. Ji tikėjo, kad Jėzus padės stalo prievaizdui. Jėzus įvertino tobulą Marijos tikėjimą ir liepė tarnams pripilti indus vandens, o paskui semti ir nešti stalo prievaizdui. Jėzus nesimeldė ir neįsakė vandeniui pavirsti vynu. Jis sumanė tai savo širdyje, ir vanduo šešiuose induose akimirksniu pavirto aukštos kokybės vynu.

## Kūrimo darbai per Eliją

Našlė iš Sarepto Karalių pirmos knygos 17-ame skyriuje atsidūrė skurde. Ilga sausra išsekino maisto atsargas, jai liko tik sauja miltų ir šlakelis aliejaus. Elijas paprašė iškepti duonos ir duoti jam, taręs: „Mat VIEŠPATS, Izraelio Dievas, taip kalbėjo: 'Miltai puode neišseks nei ąsotyje aliejaus nepritrūks iki tos dienos, kurią VIEŠPATS atsiųs žemei lietaus'" (Karalių pirma knyga 17, 14). Našlė nuolankiai pakluso Elijui.

Jos paklusnumas atnešė vaisių: Elijas, našlė ir jos šeimyna valgė daug dienų, bet miltai puode neišseko nei aliejaus ąsotyje nepritrūko (Karalių pirma knyga 17, 15-16). Miltų ir aliejaus nesibaigimas rodo, kad ten vyko kūrimo darbai.

## Kūrimo darbai per Mozę

Išėjimo knyga 15, 22-23 pasakoja, kaip izraelitai perėjo Raudonąją jūrą ir atėjo į dykumą. Praėjo trys dienos, bet jie niekur nerado vandens. Pagaliau jie atrado vandens Maroje, bet šis buvo kartus ir negeriamas. Izraelitai ėmė garsiai murmėti.

Mozė šaukėsi Viešpaties, ir Dievas parodė jam medžio gabalą. Mozei įmetus jį į vandenį, šis tapo saldus ir geriamas, bet ne todėl, kad medis turėjo medžiagų, kurios pašalino vandens kartumą. Tai Dievas parodė kūrimo darbą per Mozės tikėjimą ir paklusnumą.

Muano saldaus vandens šaltinis

## Muano Manmin bažnyčios kūrimo darbų patyrimas

Dievas ir šiandien rodo mums kūrimo darbus. Muano saldus vanduo yra vienas iš šių darbų. 2000 metų kovo 4 dieną, aš meldžiausi Seule, kad sūrus vanduo Muano Manmin bažnyčioje pasidarytų saldus, ir bažnyčios nariai paliudijo, kad malda buvo išklausyta kitą dieną, kovo 5-ąją.
Muano Manmin bažnyčia apsupta jūros, ir jie turėjo tik jūros vandens šaltinį. Geriamas vanduo buvo tiekiamas vamzdžiu iš už 3 km esančios vietos. Jiems buvo labai nepatogu.
Muano Manmin bažnyčios nariai prisiminė įvykį Maroje, aprašytą Išėjimo knygoje, ir paprašė manęs melstis su tikėjimu, kad sūrus vanduo pasidarytų saldus. Aš pradėjau 10 dienų maldą kalnuose vasario 21 dieną ir meldžiausi už Muano Manmin bažnyčią. Muano Manmin bažnyčios nariai taip pat pasninkavo ir meldėsi dėl to paties.
Kalnų maldos metu susitelkiau tik į maldas ir Dievo žodį. Mano pastangos ir Muano bažnyčios narių tikėjimas įvykdė Dievo teisingumo sąlygas, ir įvyko nuostabus kūrimo darbas.
Dvasinėmis akimis galima pamatyti šviesos spindulį iš Dievo sosto,

kertantį šaltinio vamzdį, ir kai sūrus vanduo prateka šį spindulį, pasidaro saldus.
Tačiau Muano saldus vanduo ne tik geriamas. Kai žmonės geria ir naudoja jį su tikėjimu, gauna dieviškus išgydymus ir patiria problemų sprendimus pagal savo tikėjimą. Nesuskaitoma daugybė liudijimų apie stebuklingą Muano saldaus vandens veikimą patraukia daug žmonių iš viso pasaulio aplankyti Muano Manmin bažnyčios šaltinį.
Muano saldus vanduo buvo ištirtas Jungtinių Valstijų maisto ir vaistų administracijos, ir jo saugumas bei naudingos savybės buvo patvirtinti penkiose kategorijose: mineralinių medžiagų, sunkiųjų metalų, cheminių nuosėdų, poveikio odai ir toksiškumo, atliekant bandymus su laboratorinėmis pelėmis. Šis vanduo ypač turtingas mineralais, ir kalcio kiekis jame daugiau negu tris kartus didesnis negu garsiuose mineraliniuose vandenyse iš Prancūzijos ir Vokietijos.

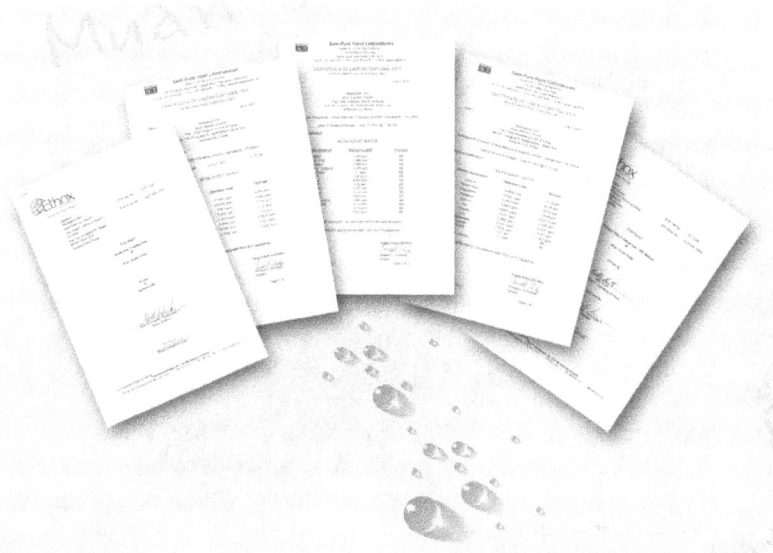

FDA (Maisto ir vaistų administracijos) testų rezultatai

## 2. Gyvybės valdymas

Ketvirtosios dimensijos erdvėje, turinčioje ketvirtojo dangaus savybes, gyvybė gali būti suteikta mirusiems ir atimta iš gyvųjų. Tai liečia visą gyvybę, augalų ir gyvūnų.

Vienas iš šių atvejų yra išsprogusi Aarono lazda. Ji buvo apgaubta ketvirtosios dimensijos erdve. Todėl per vieną dieną sausa lazda išsprogo, sukrovė žiedus ir subrandino migdolus. Evangelijoje pagal Matą 21, 19 Jėzus tarė neturinčiam vaisių figmedžiui: „Tegul per amžius ant tavęs nemegs vaisiai!" Ir figmedis bemat nudžiūvo. Tai taip pat įvyko, ketvirtosios dimensijos erdvei apgaubus figmedį.

Evangelijos pagal Joną 11-as skyrius pasakoja, kaip Jėzus prikėlė Lozorių, kuris buvo miręs keturias dienas ir jau dvokė. Lozoriaus atveju ne tik siela turėjo sugrįžti, bet ir pūvantis kūnas turėjo būti visiškai atnaujintas. Tai buvo fiziškai neįmanoma, bet Lozoriau kūnas bemat atgijo ketvirtosios dimensijos erdvėje.

Manmin centrinėje bažnyčioje brolis vardu Keonwi Park visiškai neteko regėjimo viena akimi, bet vėl praregėjo. Jai buvo atlikta kataraktos operacija, kai jis buvo trejų metų amžiaus. Prasidėjo komplikacijos: akies kraujagyslinio dangalo struktūrų uždegimas ir tinklainės atšokimas. Tinklainei atšokus, žmogus negali aiškiai matyti. Be to, jis sirgo akių obuolių atrofija, tai akių obuolių susitraukimas. Galų gale 2006 metais jis visiškai apako kairiąja akimi.

Tačiau 2007 metų liepą jis atgavo regėjimą per mano maldą. Jis praregėjo kairiąja akimi, kuri nereagavo net į šviesą. Sumažėjęs akies obuolys padidėjo iki normalaus dydžio.

Jo regėjimas dešiniąja akimi, buvęs 0.1, pagerėjo iki 0.9. jo liudijimas su visais gydytojų ir ligoninės dokumentais buvo paskelbtas 5-oje Tarptautinėje krikščionių gydytojų konferencijoje, kuri vyko Norvegijoje. Konferencijoje dalyvavo 220 profesionalių medicinos darbuotojų iš 41 šalies. Šis atvejis buvo išrinktas įdomiausiu iš visų pateiktų ligonių pasveikimo istorijų.

Tas pats įvyksta ir su audiniais bei nervais. Net negyvi nervai ir ląstelės atgyja, kai juos apgaubia ketvirtosios dimensijos erdvė.

Fizinės negalios taip pat išnyksta ketvirtosios dimensijos erdvėje. Bakterijų arba virusų sukeltos ligos, pavyzdžiui, AIDS, tuberkuliozė, peršalimas ar karštligė, taip pat išnyksta ketvirtosios dimensijos erdvėje.

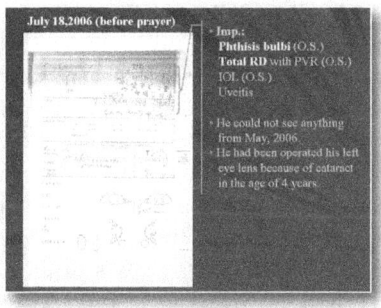
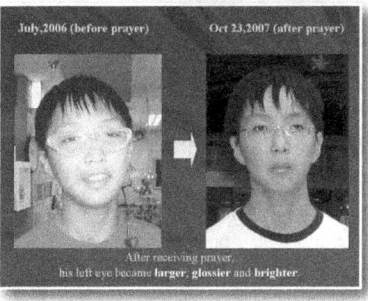

Gunwui Park išgijimo istorija 5-oje WCDN konferencijoje

Šiais atvejais Šventosios Dvasios ugnis nužengia ir sudegina bakterijas ir virusus. Pažeisti auginiai atgyja ketvirtojo dangaus erdvėje, tai visiškas pasveikimas. Net sergant nevaisingumu, neveikiantys organai atgyja ketvirtosios dimensijos erdvėje, ir žmonės susilaukia vaikų. Norėdami būti išgydyti iš ligų ir negalių Dievo galybe ketvirtosios dimensijos erdvėje turime įvykdyti Dievo teisingumo sąlygas.

## 3. Darbai, pranokstantys laiką ir erdvę

Galingi darbai, vykstantys ketvirtosios dimensijos erdvėje, peržengia laiką ir erdvę, nes ketvirtos dimensijos erdvė apima ir pranoksta visas kitų dimensijų erdves. Psalmynas 19, 5 sako: „... bet žinia skamba visoje žemėje, jų žodžiai girdėti iki pat pasaulio pakraščių." Tai reiškia, kad Dievo, gyvenančio ketvirtajame danguje, žodžiai pasiekia pasaulio pakraščius.

Du taškai, esantys labai toli vienas kito pirmajame danguje, fiziniame pasaulyje, yra vienas greta kito ketvirtosios dimensijos erdvėje. Šviesa apkeliauja aplink Žemę septynis su puse karto per sekundę. Tačiau Dievo galybės šviesa akimirksniu pasiekia net visatos pakraščius. Atstumas fiziniame pasaulyje nieko nereiškia ir neriboja ketvirtosios dimensijos erdvėje.

Evangelijos pagal Matą aštuntame skyriuje šimtininkas paprašė Jėzaus išgydyti jo tarną. Jėzus pasakė, kad ateis pas jį į namus, bet šimtininkas tarė: „Viešpatie, nesu vertas, kad užeitum po mano stogu, bet tik tark žodį, ir mano tarnas pasveiks." Jėzus atsakė: „Eik, tebūnie tau, kaip įtikėjai!" Ir tą pačią akimirką tarnas pagijo.

Jėzus turi ketvirtojo dangaus erdvę, todėl ligonis, buvęs toli, buvo išgydytas Jėzaus įsakymu. Šimtininkas gavo šį palaiminimą, nes parodė tobulą tikėjimą į Jėzų. Jėzus pagyrė šimtininko tikėjimą: „Iš tiesų sakau jums: niekur Izraelyje neradau tokio tikėjimo!"

Ir šiandien Dievas daro laiką ir erdvę pranokstančius galingus darbus savo vaikams, susivienijusiems su Juo per tobulą tikėjimą. Sintija Pakistane buvo prie mirties nuo celiakijos. Lisanijui Izraelyje grėsė mirtis nuo virusinės infekcijos. Tačiau jie buvo išgydyti maldos galia, pranokstančia laiką ir erdvę. Robertas Džonsonas

Jungtinėse Valstijose taip pat buvo išgydytas maldos galia, pranokstančia laiką ir erdvę. Jam buvo įplyšusi Achilo sausgyslė, ir jis negalėjo paeiti dėl aštrus skausmo. Sausgyslė visiškai sugijo be medicinos pagalbos tol per maldos galią, pranokstančią laiką ir erdvę. Šis galingas darbas įvyko ketvirtosios dimensijos erdvėje. Nepaprasti stebuklai, vykstantys per skepetėles, taip pat yra darbai, pranokstantys erdvę ir laiką. Net laikui bėgant, kol skepetėlės savininkas yra teisus Dievo akyse, skepetėlėje slypinti galia neišnyksta. Užmelsta skepetėlė labai svarbi, nes ji gali atverti ketvirtosios dimensijos erdvę bet kurioje vietoje.

Tačiau, jeigu žmogus naudoja skepetėlę nedievobaimingai ir be tikėjimo, Dievo darbai nevyksta. Ne tik tas, kuris meldžiasi už skepetėlę, bet ir tas, už kurį meldžiamasi, turi laikytis Dievo teisingumo. Jis turi be jokios abejonės tikėti, kad skepetaitė turi Dievo galią.

Dvasinėje karalystėje viskas vyksta tiksliai pagal teisingumą.

Todėl tikėjimas žmogaus, kuris meldžiasi, ir žmogaus, už kurį meldžiamasi, tiksliai išmatuojamas, ir Dievo darbas vyksta pagal jų turimą tikėjimą.

## 4. Dvasinės erdvės panaudojimas

Jozuės knygoje 10, 13 parašyta: „Saulė sustojo viduryje dangaus skliauto ir neskubėjo leistis bemaž visą dieną." Tai įvyko, kai Jozuė kariavo su amoritais, užimdamas Kanaano kraštą. Kaip laikas sustojo bemaž dienai pirmajame danguje? Para yra laiko tarpas, per kurį Žemė apsisuka aplink savo ašį. Todėl Žemės sukimasis turi sustoti, kad laikas sustotų. Tačiau Žemės sukimosi sustojimas turėtų katastrofiškas pasekmes ne tik Žemei, bet daugeliui kitų dangaus kūnų. Kaip laikas galėjo sustoti bemaž visai dienai? Tai įvyko todėl, kad ne tik Žemė, bet ir viskas pirmajame danguje, perėjo į dvasinės karalystės laiko tėkmę. Laiko tėkmė antrajame danguje yra greitesnė negu pirmajame, o trečiajame greitesnė negu antrajame. Tačiau laiko tėkmė ketvirtajame danguje gali būti greitesnė arba lėtesnė negu kituose danguose. Kitaip tariant, laiko tėkmė ketvirtajame danguje keičiasi pagal Dievo norus ir Jo širdies sumanymus. Laikas gali pailgėti, sutrumpėti arba visai sustoti.

Jozuės atveju visas pirmasis dangus buvo apgaubtas ketvirtojo dangaus erdve, ir laikas prasitęsė, kiek reikėjo. Biblijoje aprašytas ir įvykis, kai laiko tėkmė buvo paspartinta. Tai atvejis, kai Elijas bėgdamas pralenkė žirgų traukiamą karaliaus vežimą Karalių pirmos knygos 18-ame skyriuje.

Paspartinta laiko tėkmė yra priešinga sulėtintam laikui. Elijas bėgo normaliu greičiu, bet buvo paspartintoje laiko tėkmėje, todėl pralenkė karaliaus vežimą. Kūrimo darbai, mirusiųjų prikėlimas ir darbai, pranokstantys laiką ir erdvę, daromi, laiko tėkmei sustojus. Todėl fiziniame pasaulyje stebuklingas darbas įvyksta akimirksniu, įsakius arba sumanius jį širdyje.

Pažvelkime į Pilypo „teleportaciją", aprašytą Apaštalų darbų aštuntame skyriuje. Šventoji Dvasia atvedė jį susitikti su Etiopijos eunuchu kelyje iš Jeruzalės į Gazą. Pilypas paskelbė Jėzaus Kristaus evangeliją ir pakrikštijo eunuchą vandeniu. Paskui Pilypas akimirksniu atsidūrė Azoto mieste. Tai buvo tam tikra „teleportacija".

Pilypas turėjo pereiti dvasiniu koridoriumi, atvertu ketvirtosios dimensijos, turinčios ketvirtojo dangaus savybes, erdvėje, kad ši teleportacija įvyktų. Šiame koridoriuje laikas sustoja, todėl žmogus akimirksniu įveikia bet kokį atstumą. Naudodamiesi šiuo dvasiniu koridoriumi galime valdyti net oro sąlygas. Pavyzdžiui, vienoje vietoje žmonės kenčia nuo sausros, kitoje – nuo potvynio. Jeigu lietų iš potvynio vietos nusiųstume į sausros vietą, abiejų vietų bėdos būtų išspręstos. Net taifūnai ir uraganai dvasiniais koridoriais gali būti nusiųsti į negyvenamas vietas, kad neatneštų jokių nelaimių. Jeigu panaudojame dvasinę erdvę, galime valdyti ne tik taifūnus, bet ir ugnikalnių išsiveržimus bei žemės drebėjimus. Mes galime apgaubti ugnikalnį arba žemės drebėjimo šaltinį dvasine erdve. Tačiau visa tai įmanoma tik tuomet, kai Dievo teisingumas tai leidžia. Pavyzdžiui, norint sustabdyti gamtos nelaimę, kuri paveiktų visą valstybę, šalies vadovams dera prašyti maldos. Taip pat, net dvasinei erdvei susiformavus, negalime visiškai nepaisyti pirmojo dangaus teisingumo. Dvasinės erdvės poveikis visada apribotas taip, kad chaosas neištiktų pirmojo dangaus, patraukus dvasinę erdvę. Dievas valdo visus dangus savo galybe, Jis mylintis ir teisingas Dievas.

(Pabaiga)

Autorius:
# Dr. Jaerock Lee

Dr. Jaerock Lee gimė 1943 metais Muane, Jeonnam provincijoje, Korėjos Respublikoje. Būdamas dvidešimt kelerių metų amžiaus Dr. Lee jau septynerius metus sirgo daugybe nepagydomų ligų ir laukė mirties, neturėdamas vilties pasveikti. Tačiau 1974 metais jo sesuo nusivedė jį į vieną bažnyčią, ir kai jis atsiklaupė pasimelsti, Gyvasis Dievas iš karto išgydė jį nuo visų ligų.

Nuo tos akimirkos, kai dr. Lee susitiko su Gyvuoju Dievu, jis pamilo Dievą visa savo širdimi ir 1978 m. jis buvo pašauktas Dievo tapti Jo tarnu. Jis karštai meldėsi, norėdamas aiškiai sužinoti Dievo valią, visiškai ją įvykdyti ir paklusti visam Dievo Žodžiui. 1982 m. jis įsteigė Manmin centrinę bažnyčią Seule, Korėjoje, ir nuo to laiko joje vyksta nesuskaičiuojami Dievo darbai – antgamtiški išgydymai ir stebuklai.

1986 m. kasmetinės Korėjos Jėzaus Bažnyčios „Sunkiu" asamblėjos metu dr. Lee buvo įšventintas pastoriumi, o 1990 m. – praėjus tik ketveriems metams – jo pamokslai buvo transliuojami Australijoje, Rusijoje, Filipinuose ir daugelyje kitų šalių Tolimųjų Rytų radijo transliacijų kompanijos, Azijos radijo transliacijų stoties ir Vašingtono krikščionių radijo sistemos dėka.

Po trejų metų, 1993 m. Manmin centrinė bažnyčia buvo išrinkta Amerikos žurnalo „Christian World" viena iš „50 geriausių pasaulio bažnyčių", ir jis gavo teologijos garbės daktaro laipsnį Krikščionių Tikėjimo Koledže, Floridoje, JAV, o 1996 m. Teologijos seminarijos „Kingsway" (Ajova, JAV), dvasinės tarnystės daktaro laipsnį.

Nuo 1993 m. dr. Lee tapo pasaulinių misijų lyderiu, rengdamas daug evangelizacinių kampanijų Tanzanijoje, Argentinoje, Los Andžele, Baltimorėje, Havajuose, Niujorke, Ugandoje, Japonijoje, Pakistane, Kenijoje, Filipinuose, Hondūre, Indijoje, Rusijoje, Vokietijoje, Peru, Kongo Demokratinėje Respublikoje, Izraelyje ir Estijoje.

2002 m. Korėjos pagrindinių krikščioniškų laikraščių už savo veiklą įvairiose Didžiosiose jungtinėse evangelizacinėse kampanijose jis buvo pavadintas „pasaulinio masto pastoriumi". Jis surengė „Niujorko evangelizacinę kampaniją 2006" garsiausioje pasaulio arenoje „Madison Square Garden." Šis renginys buvo transliuojamas 220 tautų, o savo „Izraelio vieningoje evangelizacinėje kampanijoje 2009", kuri vyko Jeruzalės tarptautiniame konvencijų centre (ICC), jis drąsiai skelbė, kad Jėzus Kristus yra Mesijas ir Gelbėtojas.

Jo pamokslai transliuojami į 176 šalis per palydovus, įskaitant GCN TV. Populiarus Rusijos krikščioniškas žurnalas „Pergalėje" ir naujienų agentūra „Christian Telegraph" už jo tarnystę per TV ir misionierišką veiklą įtraukė jį į įtakingiausių krikščionių vadovų dešimtuką 2009 ir 2010 metais.

2015 metų rugsėjo duomenimis, Manmin Centrinei Bažnyčiai priklauso daugiau negu 120 000 narių. Visame pasaulyje yra 10 000 dukterinių bažnyčių, įskaitant 56 vietos bažnyčias, daugiau negu 129 misionieriai buvo paskirti darbui 23 šalyse, įskaitant Jungtines Valstijas, Rusiją, Vokietiją, Kanadą, Japoniją, Kiniją, Prancūziją, Indiją, Keniją ir daug kitų šalių.

Šios knygos išleidimo metu, Dr. Lee buvo parašęs 99 knygas, įskaitant bestselerius „Patirti amžinąjį gyvenimą anksčiau už mirtį", „Mano gyvenimas, mano tikėjimas 1 ir 2", „Kryžiaus žinia", „Tikėjimo mastas", „Dangus 1 ir 2", „Pragaras" ir „Dievo jėga". Jo darbai išversti į daugiau negu 73 kalbas.

Jo krikščioniški straipsniai spausdinami šiuose leidiniuose: „The Hankook Ilbo", „The JoongAng Daily", „The Dong-A Ilbo", „The Munhwa Ilbo", „The Seoul Shinmun", „The Kyunghyang Shinmun", „The Hankyoreh Shinmun", „The Korea Economic Daily", „The Korea Herald", „The Shisa News" ir „The Christian Press".

Šiuo metu Dr. Lee yra daugelio misijų organizacijų ir asociacijų vadovas: Jėzaus Kristaus jungtinės šventumo bažnyčios pirmininkas, Manmin pasaulinės misijos pirmininkas, Pasaulinės krikščionybės prabudimo misijų asociacijos nuolatinis pirmininkas, Manmin, Pasaulinio krikščionių tinklo (GCN) steigėjas ir tarybos pirmininkas, Pasaulio krikščionių gydytojų tinklo (WCDN) steigėjas ir tarybos pirmininkas, Tarptautinės Manmin seminarijos (MIS) steigėjas ir tarybos pirmininkas.

## Kitos vertingos to paties autoriaus knygos

### Dangus I & II

Žavios gyvenimo aplinkos, kurioje gyvena Dangaus piliečiai, detalus aprašymas ir puikus skirtingų dangaus karalystės lygių pavaizdavimas.

### Žinia apie Kryžių

Stiprus ir širdį žadinantis pamokslas visiems, kurie dvasiškai užmigo. Skaitydami šią knygą sužinosite, kodėl Jėzus yra mūsų vienintelis Išgelbėtojas ir patirsite tikrą Dievo meilę.

### Pragaras

Nuoširdus pamokslas visiems žmonėms nuo paties Dievo, kuris nori, kad nei viena siela nepatektų į pragaro gelmes! Sužinosite apie visai Jums nepažįstamą pragaro gelmių realybę.

### Dvasia, Siela ir Kūnas I & II

Dvasiškai supratę dvasią, sielą ir kūną, kurie yra sudedamosios žmonių dalys, skaitytojai galės pažvelgti į save ir suprasti žmonių gyvenimą. Ši knyga rodo skaitytojams, kaip tapti dieviškosios prigimties dalininkais ir gauti visus Dievo pažadėtus palaiminimus.

### Tikėjimo Saikas

Kokia buveinė, karūna ir apdovanojimai laukia Jūsų Danguje? Ši knyga išmintingai ir kryptingai padės Jums nustatyti savo tikėjimo saiką ir išugdyti geriausią ir brandžiausią tikėjimą.

### Pabusk, Izraeli

Kodėl Dievas nenuleidžia Savo akių nuo Izraelio nuo pat pasaulio pradžių iki šios dienos? Koks Jo planas yra paruoštas Izraeliui paskutinėmis dienomis, kai jie laukia Mesijo?

### Mano Gyvenimas, Mano Tikėjimas I & II

Gardžiausias dvasinis aromatas, sklindantis iš gyvenimo, kuris žydėjo neprilygstama meile Dievui tamsių bangų, šalto jungo ir neapsakomos nevilties laikais.

### Dievo Jėga

Šią knygą būtina perskaityti tiems, kurie ieško atsakymų į tai, kaip įgyti tikrą tikėjimą ir patirti stebuklų kupiną Dievo jėgą.

www.urimbooks.com

www.ingramcontent.com/pod-product-compliance
Lightning Source LLC
LaVergne TN
LVHW021820060526
838201LV00058B/3455